Umbanda
O Caminho das Pedras

Ademir Barbosa Júnior
(Dermes)

Umbanda
O Caminho das Pedras

© 2015, Editora Anúbis

Revisão:
Tânia Hernandes

Imagem de capa:
Scorpp/Shutterstock.com

Projeto gráfico e capa:
Edinei Gonçalves

Dados Internacionais de Catalogação na Publicação (CIP)
(Câmara Brasileira do Livro, SP, Brasil)

Barbosa Júnior, Ademir
  Umbanda: o caminho das pedras / Ademir Barbosa Júnior.
-- São Paulo: Anúbis, 2015.

  Bibliografia.
  ISBN 978-85-67855-32-5

  1. Romance brasileiro 2. Umbanda I. Título.

15-01894   CDD-299.60981

Índices para catálogo sistemático:
1. Umbanda : Religiões
     afro-brasileira   299.60981

São Paulo/SP – República Federativa do Brasil
Printed in Brazil – Impresso no Brasil

Este livro segue as novas regras do Acordo Ortográfico da Língua Portuguesa.

Os direitos de reprodução desta obra pertencem à Editora Anúbis. Portanto, não é permitida a reprodução total ou parcial desta obra, de qualquer forma ou por qualquer meio eletrônico, mecânico, inclusive por meio de processos xerográficos, incluindo ainda o uso da internet, sem a permissão expressa por escrito da Editora (Lei nº 9.610, de 19.2.98).

Distribuição exclusiva
Aquaroli Books
Rua Curupá, 801 – Vila Formosa – São Paulo/SP
CEP 03355-010 – Tel.: (11) 2673-3599
atendimento@aquarolibooks.com.br

Impressão e acabamento: Mark Press Brasil

Dedico este livro, de modo especial, a meus pais Ademir Barbosa e Laís Fabretti Barbosa, a minha irmã Arianna Theresa; à tia Nair Barbosa e ao tio Amadeu (*in memoriam*), dirigentes do antigo Terreiro Caboclo Sete Flechas, em Piracicaba (SP); à Iya Senzaruban e aos irmãos do Ilê Iya Tundé, de Itanhaém/Taboão da Serra (SP), casa onde saí Ogã de Oxum.

Ademir Barbosa Júnior
(Dermes)[1]

---

1. Presidente da Associação Brasileira dos Escritores Afro-religiosos (Abeafro).

Ser espiritualizado é aprender a conviver com as diferenças e a ingratidão.

Caboclo Pena Branca

Sumário

Filho de Pena Branca	9
Hino da Umbanda	10
Introdução	11
1. Terreiro Fechado	17
2. Mundo Virtual?	27
3. Nos Bares da Vida	37
4. Pseudo-esquerda	45
Ponto de Xangô	55
5. Desafios	57
6. Médium Recalcitrante	65
7. Autoritarismo	79
Ponto das Iabás	91
8. Fazendo Arte	93

9. Diálogo 105

Ponto de Zé Pelintra........................... 117

10. A Palestra 119

Epílogo....................................... 125

Fontes de Consulta............................ 131

O Autor 141

Filho de Pena Branca

Quem me batizou foi Pena Branca
Padrinho Tupinambá
As águas da Madrinha Oxum
Servindo como congá

O dia estava sereno
Irmãos em roda de fé
O Caboclo coroou o filho
Com folhas de guiné

E o coração do filho
Fechou-se a toda demanda
Pois filho de Pena Branca
Traz no peito Aruanda

Letra: Ademir Barbosa Júnior (Dermes)
Música: Roseane Luppi e Felipe Vecchini

Hino da Umbanda

Refletiu a Luz Divina
Com todo seu esplendor
É do reino de Oxalá
Onde há paz e amor

Luz que refletiu na terra
Luz que refletiu no mar
Luz que veio de Aruanda
Para tudo iluminar

A Umbanda é paz e amor
É um mundo cheio de Luz
É a força que nos dá vida
E à grandeza nos conduz.

Avante, filhos de fé
Como a nossa lei não há
Levando ao mundo inteiro
A bandeira de Oxalá.

Introdução

Uma noite, em desdobramento, meu Mentor[2] me disse: "Miguel, você tem assumido muitas responsabilidades, não apenas na casa que você dirige, mas no movimento umbandista como um todo. Chegou o momento de novos aprendizados, de acompanhar de perto algumas situações difíceis pelas quais passaram e passam alguns umbandistas que se desequilibram e se afastam da orientação espiritual e de suas missões, bem como aprender com lições de superação.".

---

2. Chamo-o assim, de forma carinhosa e simplificada. Sou muito grato pela oportunidade de encontrá-lo durante o sono, quando o espírito, atado à vida material pelo que comumente se chama fio de prata, afasta-se do corpo rumo a esferas de trabalho, aprendizado, reencontros e outros, de acordo com as afinidades e/ou as necessidades de cada um.

Assim, durante várias noites, em desdobramento, acompanhei em espírito uma série de situações *in loco*: compareci a conferências de estudos de casos e acompanhei episódios exibidos em telões em auditórios do Astral.

O resumo desse farto material compõe as narrativas que se seguem, nas quais, evidentemente, preservei as identidades dos encarnados e desencarnados envolvidos, bem como as identidades dos Guias e Guardiões, assim como as dos templos umbandistas.

Para facilitar a compreensão e privilegiar a essência dos casos estudados, cada narrativa é a síntese de visitas, conferências e exibições de casos, sem que se aponte a cada instante qual o método utilizado.

As narrativas possuem caráter atemporal e representam algumas das sombras da alma humana, em constante evolução, com ascensões e quedas diárias. Tratam de situações que ocorrem em qualquer ambiente, recordando o conselho crístico de orar e vigiar.

Conforme meu Mentor explicou-me carinhosamente, nessas incursões de estudo, assim como em nosso cotidiano, não se deve julgar os irmãos, mas observá-los compassivamente, aprender com as suas vivências e vibrar com o sucesso das ações socorristas e de regeneração, com as quais, aliás, nós, encarnados, podemos colaborar.

Cada narrativa figura como uma pedra no árduo caminho de aprendizado pela dor. Na verdade, o caminho das pedras é o da Lei Divina, sendo cada pedra supervisionada por Pai Xangô. Cabe ao indivíduo aprender ou não com as lições que as pedras lhe oferecem.

Oxalá abençoe a todos!

Saravá!

Axé!

Seu irmão,

Miguel

(Pai Miguel – sacerdote umbandista)

A Umbanda tem progredido e vai progredir. É preciso haver sinceridade, honestidade e eu previno sempre aos companheiros de muitos anos: a vil moeda vai prejudicar a Umbanda; médiuns que irão se vender e que serão, mais tarde, expulsos, como Jesus expulsou os vendilhões do templo. O perigo do médium homem é a consulente mulher; do médium mulher é o consulente homem. É preciso estar sempre de prevenção, porque os próprios obsessores que procuram atacar as nossas casas fazem com que toque alguma coisa no coração da mulher que fala ao pai de terreiro, como no coração do homem que fala à mãe de terreiro. É preciso haver muita moral para que a Umbanda progrida, seja forte e coesa. Umbanda é humildade, amor e caridade – esta a nossa bandeira. Neste momento, meus irmãos, me rodeiam diversos espíritos que trabalham na Umbanda do Brasil: Caboclos de Oxóssi, de Ogum, de Xangô. Eu, porém, sou da falange de Oxóssi, meu pai, e não vim por acaso, trouxe uma ordem, uma missão. Meus irmãos: sejam humildes, tenham amor no coração, amor de irmão para irmão, porque vossas mediunidades ficarão mais puras, servindo aos espíritos superiores que venham a baixar entre vós; é preciso que os aparelhos estejam sempre limpos, os instrumentos afinados com as virtudes que Jesus pregou aqui na Terra, para que tenhamos boas comunicações e proteção para aqueles que vêm em busca de socorro nas casas de Umbanda. Meus irmãos: meu aparelho já está velho, com 80 anos a fazer, mas começou antes dos 18. Posso dizer que o ajudei a casar, para que não estivesse a dar cabeçadas, para que fosse um médium aproveitável e que, pela sua mediunidade, eu pudesse implantar a nossa Umbanda. A maior parte dos que trabalham na Umbanda, se não passaram por esta Tenda, passaram pelas que saíram desta Casa. Tenho uma coisa a vos pedir: se Jesus veio ao planeta Terra na humildade de uma manjedoura, não foi por acaso. Assim o Pai determinou. Podia ter procurado a casa de um potentado da época, mas foi escolher aquela que havia de ser sua mãe, este espírito que viria traçar à humanidade os passos para obter paz, saúde e felicidade. Que o nascimento de Jesus, a humildade que Ele baixou à Terra, sirvam de exemplos, iluminando os vossos espíritos, tirando os escuros de maldade por pensamento ou práticas; que Deus perdoe as maldades que possam ter sido pensadas, para que a paz possa reinar em vossos corações e nos vossos lares. Fechai os olhos para a casa do vizinho; fechai a boca para não murmurar contra quem quer que seja; não julgueis para não serdes julgados; acreditai em Deus e a paz entrará em vosso lar. É dos Evangelhos. Eu, meus irmãos, como o menor espírito que baixou na Terra, mas amigo de todos, numa concentração perfeita dos companheiros que me rodeiam neste momento, peço que eles sintam a necessidade de cada um de vós e que, ao sairdes deste templo de caridade, encontreis os caminhos abertos, vossos enfermos melhorados e curados, e a saúde para sempre em vossa matéria. Com um voto de paz, saúde e felicidade, com humildade, amor e caridade, sou e sempre serei o humilde Caboclo das Sete Encruzilhadas.

Caboclo das Sete Encruzilhadas – Gravação feita em 1971 por Lila Ribeiro, diretora da Tenda de Umbanda Luz, Esperança, Fraternidade (TULEF), do Rio de Janeiro.

1

Terreiro Fechado

Certo dia, em uma conversa, meu Mentor me disse:

– Miguel, quando o Caboclo das Sete Encruzilhadas afirma que o perigo do médium homem é a consulente mulher e vice-versa, não está demonizando o corpo, mas pedindo a todos que, independentemente da orientação sexual (o recado vale para todos) e da simpatia que possa nutrir por alguém, não se confunda o exercício da mediunidade com a ostentação.

Ao que eu respondi:

– Digo sempre aos meus filhos que mais do que sublimar o desejo, como tradicionalmente ensinam vários segmentos religiosos e filosofias espiritualistas, o importante é transcender.

Então, meu Mentor, num gesto seu muito característico em nossos encontros, suavemente abriu uma tela etérea, onde aparecia a minha imagem, numa palestra que ministrei no terreiro de Umbanda do qual sou dirigente espiritual, na qual eu dizia:

Em diversos momentos da História, em várias tradições espirituais e/ou religiosas, o desejo foi considerado como inimigo da caminhada espiritual (Refiro-me principalmente ao desejo sexual.). Mesmo grandes mestres, que precisam ser compreendidos no contexto histórico-social em que encarnaram, enxergavam o corpo em si como um entrave à evolução espiritual, chegando a descurar da própria saúde/higiene e/ou a maltratar o corpo de formas ainda mais cruéis.

Neste milênio, cada vez mais o desejo é encarado também nas áreas da Espiritualidade e da Religião sob o viés holístico (equilíbrio entre corpo, espírito e mente), de modo a se vivenciar o que é natural com... naturalidade.

Nesse contexto, a transcendência mostra-se mais saudável do que a sublimação.

De modo geral, sublimar significa colocar sob os pés ou sob o tapete o desejo latente, por vezes fingindo que não existe. Se não existe, por que trancafiá-lo?

O maior problema dessa atitude é que o desejo negado/reprimido geralmente se manifesta de maneira ainda mais forte, sem freios. Segundo Jung, tudo aquilo a que se resiste, persiste. Por outro lado, transcender significa ir além, ultrapassar o ponto do desejo, reconhecendo-o, vivenciando-o com equilíbrio em vez de negá-lo.

Exemplo:

Numa gira, um médium nota uma mulher muito atraente na assistência.

Pensamento/atitude de sublimação: "Não posso olhar para ela, vou me desconcentrar. Mas ela é tão bonita! Nossa, deve ser obsessão! Ai, meu Deus, estou numa gira! Eu não deveria estar protegido contra essas coisas?".

Pensamento/atitude de transcendência: "Nossa, que mulher linda! Bem, mas agora não é hora de paquerar, não é mesmo? Melhor eu me concentrar na gira.".

O exemplo, claro, é uma simulação. Os pensamentos geralmente são instantâneos. A atitude no caso de sublimação é nenhuma, perdida numa luta, muitas vezes angustiante. Já no caso de transcendência, não se negam as evidências (a mulher de fato é atraente), a consciência (atenção, foco, comando da situação) dá o tom de uma decisão e de uma atitude bem práticas: centrar-se e adequar-se ao momento, à gira.

Mantendo aberta a tela etérea, meu Mentor, sorrindo, me disse:

– Lidar com os desejos é um aprendizado. Como você disse a seus filhos, a naturalidade é o caminho, é o equilíbrio. Para tudo que realmente favoreça o equilíbrio individual e o bem estar coletivo, há regras. Observe as crianças: elas levam a sério as regras das brincadeiras e dos jogos. Se uma criança determina que um pedaço de cômodo é uma garagem, e um adulto, inadvertidamente pisa nela, a criança tomará satisfações. Regras favorecem a disciplina, e disciplina não é camisa de força, é organização.

– A naturalidade é um ótimo caminho para a lisura das intenções e das ações, de modo a não cairmos na hipocrisia. Como o senhor bem sabe, gosto sempre de, em palestras e bate-papos, contar a história dos dois monges, que aprendi com uma amiga adepta da filosofia Zen. Eu a conto porque a questão da transcendência dos desejos evoca o aqui e agora, o presente. E também porque essa história ajuda a repensar situações murmúrio, fofocas, insatisfações, projeções tão comuns em grupos sociais, comunidades...

– Como os terreiros de Umbanda, como a casa da qual você é dirigente...

Rimos muito. Meu Mentor sempre me deixa à vontade. A história Zen de que falávamos é a seguinte:

Dois monges budistas celibatários chegaram à beira de um rio. Uma linda mulher pediu a um dos monges que a levasse nas costas para atravessar as águas, ao que ele assentiu com um sorriso. O outro monge ficou indignado: pelos votos rigorosos que fizeram, um monge jamais deveria tocar uma mulher! Que dirá uma mulher como aquela!

Feita a travessia, a mulher desceu das costas do monge, agradeceu e seguiu o seu caminho. Os monges fizeram o mesmo, contudo o monge indignado, cada vez mais perplexo, não se conteve e disse ao companheiro:

– Isto não pode ser! Vou contar ao nosso superior que você carregou uma mulher nos ombros!

O outro respondeu:

– Irmão, eu a deixei na margem do rio. Você a está carregando até agora...

Então, meu Mentor, iniciou o estudo de caso:

– Pois bem, Miguel, o caso em estudo hoje é de um terreiro de Umbanda que fechou exatamente em virtude de um triângulo amoroso que envolveu os dirigentes espirituais. A dirigente espiritual era casada fazia anos com um Ogã, que, inclusive era o presidente da entidade civil como estava registrado o terreiro. Tinham quatro filhos: dois meninos e duas meninas. O terreiro era uma referência na cidade pela confiança e pela seriedade. As festas de Cosme, Damião e Doum eram concorridíssimas. O Ogã, com dois de seus filhos, comandava a curimba e por vezes camboneava os Orixás, Guias e Guardiões da dirigente espiritual. Um dia, encantou-se com uma moça da assistência, não apenas porque ela trajava um vestido de verão. Fosse no inverno, a situação seria a mesma, Miguel. Passou a "caprichar" mais nos toques, como um pavão, deixando a curimba com os dois filhos a pretexto de cambonear o Caboclo, o Preto-Velho etc. da dirigente espiritual apenas para estar perto da moça da assistência. Com o tempo, saía das giras para fumar e a encontrava no pátio. Conversavam amenidades. Apaixonado, chegou a simular o início de incorporações, apenas para se exibir para a moça.

– Estava fascinado...

– Sim, Miguel, e é claro que ambos receberam recados da Espiritualidade a esse respeito. Ele agia por vaidade, e, a moça, movida pela carência. Para resumir a história, a moça engravidou, o casal se separou, os meninos ficaram contra o pai, as meninas foram mais compreensivas e, juntamente com o drama humano, o terreiro foi fechado, pois a dirigente espiritual não quis mais tocá-lo "sozinha". Entristecida, era assim que se sentia: sozinha. O ex-marido pediu perdão, disse que não era mais possível continuar o casamento, contudo pretextou que gostaria de continuar a trabalhar no terreiro, o que enfureceu ainda mais a dirigente espiritual.

– Imagino o riso de escárnio de tanta gente no plano físico e no plano espiritual... Muitos brindaram o fechamento dessa casa.

– Sim, Miguel, infelizmente. Mas a semente plantada dá bons frutos, o bem feito a tanta gente não foi em vão: muitas pessoas assistidas naquela casa encontraram o equilíbrio, independentemente de sua origem ou de seu segmento religioso. Então, os médiuns se dispersaram em outros terreiros ou em outras denominações religiosas. Mas o que eu gostaria de frisar é o destino do casal e de seus filhos.

Com um toque na tela etérea, que permanecera aberta, meu Mentor disponibilizou uma série de imagens, em diversos momentos da existência de cada um.

O pai viveu distante, com sua nova família, saudoso da Umbanda, mas não voltou a frequentar nenhum terreiro, apesar de convites de amigos. Orava sinceramente, pedindo perdão por toda confusão causada. Realmente amava a nova esposa e o filhinho e viveu com eles até seu desencarne.

Os dois filhos do casal, revoltados, nunca mais voltaram a falar com o pai e tiveram diversos problemas de relacionamentos. Quebraram todas as imagens do terreiro, mas depositaram respeitosamente na natureza os fundamentos da casa. No fundo, culpavam a Espiritualidade pelo fim do casamento dos pais.

Uma das meninas envolveu-se com um traficante e nunca mais deu notícias para a família. A outra, traumatizada pelo ocorrido, temia frequentar outro terreiro, entrou para um grupo de orações de determinado segmento religioso, trabalhando com imposição das mãos, sentindo, pela intuição, a influência de Orixás, Guias e Guardiões. Quando líderes religiosos imprecavam contra os fundamentos das religiões de matriz africana, em especial da Umbanda, fazia ouvidos de mercados e continuava seu trabalho voluntário. Sempre visitava o pai e o meio-irmão, para ela, irmão inteiro.

A dirigente espiritual jamais perdoou realmente o ex--marido. Manteve-se apática, raivosa. Com a idade tornou-se ranzinza e semidemente. Alguns anos antes do desencarne, arrependeu-se muito de não ter continuado o sacerdócio umbandista, sentiu que havia dado as costas à sua missão.

– Para muita gente, Miguel, os Orixás, Guias e Guardiões são vingativos, caprichosos como senhores de escravos. Mas não é assim. Não se abre um portal, não se acessa uma energia impunemente. É preciso sabedoria e conhecimento. Deixar o serviço mediúnico umbandista e manter a coroa aberta pode atrair muitas situações desagradáveis. A filha que entrou para o grupo de orações, amorosa e antenada com sua Banda, mesmo em ambiente religioso hostil a ela, foi a que se manteve mais equilibrada, em todos os sentidos. O ressentimento, literalmente, pode matar.

Ao final, abraçamo-nos com ternura e cumplicidade. Duras lições vindas de um Mentor suave calam fundo na alma e, em vez de fazer sofrer, trazem esperança, alento.

Quem olha para fora sonha; quem olha para dentro, acorda.

(Carl Gustav Jung)

2

Mundo Virtual?

Em outra conversa, meu Mentor afirmou:

– Não existe mundo virtual, Miguel. Pela força do pensamento e da Lei de Atração, segundo a qual semelhante atrai semelhante, tudo o que se pensa é bastante concreto. Obviamente, ninguém deve se sentir culpado por isso, e sim responsável pelos próprios sentimentos e pelas próprias emoções. Sentir raiva de alguém não matará imediatamente alguém, contudo é preciso estar atento a esse sentimento para que ele não cresça e cada pensamento e cada palavra não sejam verdadeiros atentados ao desafeto. Afinal, querer é poder. O caso que acompanharemos hoje é de um jovem médium umbandista de 28 anos que, malgrado as aparências a olhos desavisados, está em franco processo de recuperação.

Teoricamente, vive no que se chama de mundo virtual. Na verdade, está ensimesmado, ou seja, preso em si mesmo, sem expressar suas emoções e seus desejos de forma natural e equilibrada.

– Pelo que observo, ele vive bastante conectado à internet, que, em si, não é nem boa nem ruim, é um meio, um instrumento. O uso que se faz dela é que a define, como, aliás, acontece com todos os meios e instrumentos, como o dinheiro.

– Certamente, Miguel. Observe, porém, a qualidade do material consultado pelo irmão, e é sobre isso o que falaremos. Esse médium, quando criança, ou melhor, quando pré-adolescente, como se dizia então, assistiu a uma palestra onde uma médica e um líder religioso demonizaram o corpo e a sexualidade, redimindo-os apenas nos casos de procriação e quando oficializados pelo matrimônio indissolúvel. Afirmaram, ainda, que a masturbação enfraquece o indivíduo e o leva à morte. O pré-adolescente, temeroso, absorveu esses conceitos e passou a conviver com a culpa, distanciando-se da naturalidade, abrindo canais para zombeteiros e espíritos que se comprazem com as angústias do hoje médium umbandista, bem como o conectam com espíritos mais densos, que se comprazem com o que chamarei de modo simples de confusão sexual.

– Como se deu isso e onde entra a questão da internet em si?

– As inseguranças do garoto o levaram a afastar-se do convívio com mulheres, a criar fantasias em sua mente enclausurada. Sua iniciação sexual demorou e foi cheia de angústia e de medos. Esse garoto teve algumas namoradas, casou-se e se separou. Foi quando se sentiu ainda mais culpado, tendo, inclusive crises de impotência. Quando teve a primeira crise, estava com 23 anos e já estava filiado a um templo umbandista, onde recebeu atendimento terapêutico espiritual e passou a se sentir mais seguro, ainda que distante da naturalidade do corpo, do desejo, da vida. Clinicamente não apresentava problema algum.

– Então passou a se refugiar no mundo virtual?

– Primeiramente, isolou-se e passou a assistir compulsivamente a filmes pornográficos, o que, se por um lado, lhe trazia satisfação imediata, por outro, alimentava a insegurança de não ter um relacionamento concreto e atraía espíritos de vibrações deletérias que se comprazem com a promiscuidade sexual. Interessante notar que tais espíritos dificilmente conseguem se aproximar desse irmão em desequilíbrio, pois ele tem o coração puro e, à sua moda, vê com muito carinho as atrizes desses filmes, e não como objetos descartáveis. É uma situação rara, mesmo inusitada, o que demonstra que não se pode colocar etiquetas nas pessoas, delimitando suas histórias, reduzindo a padrões específicos suas experiências. Também é verdade que a dificuldade de aproximação de espíritos com vibrações mais pesadas se dá pela afinação vibratória que o irmão tem com seus Guias e Guardiões, que o estão auxiliando muito a reequilibrar-se na questão sexual.

– De fato, o contato com filmes pornográficos é uma experiência humana, principalmente adolescente, contraditória até: há quem defenda a liberdade dos atores e produtores no exercício da profissão; há quem diga que se trata de uma forma de exploração sexual, envolvendo, em alguns setores da indústria da pornografia, até mesmo o tráfico humano e crimes como a pedofilia. Em nosso terreiro, prefiro orientar os médiuns a respeito da questão energética que advém com esses filmes, sem julgar, criticar, apontar o dedo, reforçando a diferença entre a culpa e a responsabilidade. Conversamos ainda sobre distorções consagradas pela pornografia, o fato de o indivíduo se despersonalizar numa relação etc. Quanto aos casos de crimes, obviamente a questão é mais grave e a tratamos com atenção redobrada.

– De fato, há irmãos que não se utilizam de qualquer material pornográfico, mas vivem verdadeiras situações orgiásticas em suas mentes, tanto quanto se as concretizassem na cama.

– O senhor tem razão...

– No caso do irmão de que falamos, é interessante notar que há desperdício energético em todos os sentidos. Inseguro, afasta-se de relacionamentos concretos, mas é extremamente romântico, carinhoso, atencioso, leve e divertido. Suas namoradas e parceiras sempre sentiram prazer e alegria em estar com ele na intimidade, mas isso parece nunca ter bastado para ao menos diminuir sua insegurança.

– Entendo. Mas por que o senhor diz que ele está em franca recuperação apesar das aparências?

– Este irmão passou por um processo muito doloroso de despersonalização e, se hoje ainda gasta horas com filmes pornográficos e precisa deles para despertar no corpo a excitação sexual, pois na mente a mesma está ativada, a situação já foi muito dolorosa. Além disso, o irmão tem consciência de que, em breve, não precisará mais desses estímulos para seu corpo vibrar em plenitude de excitação sexual e ter contato no mínimo satisfatório.

– O senhor poderia esclarecer a história toda?

– Sim, Miguel. Em linhas gerais, a situação se exacerbou quando esse irmão não conseguia dar vazão a seus desejos e os mesmos continuavam latentes e até aumentavam, por não se concretizarem. Então, ele passou a participar de salas de discussão virtuais nas quais ele vivenciava fantasias sexuais em que a esposa era promíscua; passava-se por mulher promíscua; buscava conversações eróticas com homens casados que se travestiam para ter prazer, mesmo não sentindo (tanto os homens quanto o irmão em questão) atração homossexual; e outras situações extremamente confusas para si mesmo.

Mundo Virtual?

31

– Se ele buscava excitação em situações que não correspondem a seu desejo francamente heterossexual, não apenas sua identidade, mas o próprio desejo se despersonalizou.

– Sim, Miguel. E mesmo a questão da homossexualidade aparecia aí distorcida pela promiscuidade. Quanto aos homens com que o irmão teve contato virtual, cada um tem uma história diferente. O irmão, mesmo sabendo tratar-se de homens, travestidos ou não, fingia, ou melhor, fantasiava contato com mulheres, o que lhe era autorizado pela insegurança. Chegou até a exibir-se por meio de câmera, inclusive fazendo coisas com as quais não sente prazer ou que desaprova. Hoje, não se utiliza mais desse procedimento, atendo-se somente aos filmes pornográficos, cada vez menos, afinal.

– Questão complexa...

– Que está em vias de solução, com apoio espiritual e terapêutico. O irmão, há seis meses, finalmente acedeu a procurar apoio psicológico. Não que fosse resistente por preconceito social: é que já havia tido experiência negativa com outro profissional e precisava voltar a confiar novamente para procurar outro psicólogo. Quanto à questão espiritual, além do aconselhamento e do amparo constantes, a corrente médica do Astral o tem tratado; a Linha dos Caboclos o tem fortalecido com a parte etérea das plantas, por meio de banhos de ervas, principalmente; a Linha Cigana tem-lhe aberto os caminhos para relações afetivo-eróticas saudáveis;

a Linha da Esquerda tem atuado na defesa energética e no balanceamento da energia sexual, apenas para citar alguns exemplos.

– Medicina Holística: corpo, mente e espírito como foco do tratamento...

– Sim, Miguel, e esse irmão se faz merecedor, pois tem buscado solucionar os problemas e ter uma vida plena. Ademais, nunca desejou mal à médica e ao líder religioso que promoveram a palestra com verdadeiro teor medieval. Rezou muito por eles e recentemente os procurou para diálogo fraterno. O líder religioso enrijeceu-se e afirmou que o irmão estava fascinado pela ausência de valores da religião que seguia, onde certamente orgias seriam realizadas em nome do mal que se travestia de bem. O irmão percebeu que não adiantaria nada continuar a conversa nem explicar que a Umbanda não é nada do que o líder religioso a acusava. Deixou com muita tristeza o escritório do religioso, mas também com muita compaixão e com o coração aquecido pela prece. A médica foi mais solícita e chorou muito ao ouvir o relato do jovem, afirmando que, ao longo do tempo e de sua carreira, reviu muitos conceitos, afastando-se, inclusive do líder religioso com quem havia feito a palestra, permanecendo no mesmo segmento religioso, contudo acercando-se de líderes e companheiros mais compassivos e compreensivos.

– Interessante... Fico enternecido...

Mundo Virtual?

33

– Como você vê, Miguel, nosso irmão não está parado. Caminha e sabe o valor de cada passo, como também sabem os Amigos Espirituais que o assistem. A cada dia se torna um indivíduo e um médium mais equilibrado.

– Tem conseguido ressignificar a vida, os relacionamentos, o próprio corpo.

– Sim. A respeito do corpo, numa das consultas com o psicoterapeuta, quando perguntado, fez uma breve explanação sobre como a Umbanda, de modo geral, considera o corpo humano, detendo-se no conceito de "corpo limpo", que havia despertado a curiosidade do terapeuta.

– Tratei disso recentemente numa palestra para estudantes de História.

– E acalmou muitos corações, tenha certeza disso.

Meu Mentor, com um leve movimento, abriu uma tela etérea em que aparecia um trecho de minha palestra, exatamente aquele em que eu tratava, de forma simplificada, do conceito de "corpo limpo":

Para diversos rituais da Umbanda, inclusive as giras, pede-se, além de alimentação leve, a abstenção de álcool e que se mantenha o "corpo limpo" (Expressão utilizada em muitos terreiros e que representa se abstenção de relações sexuais). No caso da abstenção de álcool, o objetivo é manter a consciência desperta e não permitir abrir brechas para espíritos e energias com vibrações deletérias. No tocante à abstenção sexual, a expressão "corpo limpo" não significa que o sexo seja algo sujo ou pecaminoso: em toda e qualquer relação, mesmo a mais saudável, existe uma troca energética; o objetivo da abstenção, portanto, é que o médium mantenha concentrada a própria energia e não se deixe envolver, ao menos momentaneamente, pela energia de outra pessoa, em troca íntima. O período dessas abstenções varia de casa para casa, mas geralmente é de um dia (Pode ser da meia-noite do dia do trabalho até a "outra" meia-noite, ou do meio-dia do dia anterior ao trabalho até as 12h do dia seguinte ao trabalho etc.). Há períodos maiores de abstenções chamados de preceitos ou resguardos. Em casos de banhos e determinados trabalhos, além de época de preceitos e resguardos, também há dieta alimentar específica, além de cores de vestuário que devem ser evitadas, salvas exceções como as de uniformes de trabalho, por exemplo.

Com um sorriso e outro leve toque, meu Mentor fechou a tela etérea.

– Bom trabalho, Miguel. Devagarinho e apesar de tantos séculos de desregramento de ambos os lados, isto é, por parte dos que apresentam o corpo humano como algo pecaminoso e dos que insistem no esgotamento de todas as suas energias por meio de toda sorte de satisfação inconsciente e desequilibrada, o ser humano aprende que o espiritual está no cotidiano e o cotidiano está no espiritual. Tudo está interligado. O mesmo vale para o conceito de mundo virtual: tudo é muito mais concreto do que se imagina.

– E não apenas na questão sexual, mas em todas as outras, a internet, por exemplo, pode exaurir forças e, infelizmente, afastar as pessoas dos relacionamentos mais diversos, como família, amigos, vizinhos etc.

– Sim, Miguel. Pode-ser perder o contato com o aqui e o agora. Mas o que fazer com esse instrumento tão poderoso? Descartá-lo ou aprender a utilizá-lo com sabedoria?

Sorri, com o pensamento em tantos amigos e filhos que vivem com o celular à mão, conectados sabe-se lá com que urgência, inclusive em aberturas de giras. Com o coração em prece por esses irmãos, em especial por aquele cuja história nos serviu para o estudo de caso, agradeci muito a meu Mentor e iniciei o processo de retorno ao corpo físico, que descansava à espera de um novo dia.

3

Nos Bares da Vida

Do alto da torre da catedral viam-se três homens muito bêbados, rindo e se estapeando num bar de esquina.

– Os três são médiuns umbandistas, Miguel! Veja o estado em que se encontram. O mais gordinho, daqui a pouco, vai começar a contar vantagens e falar de fundamentos do seu Santo. Muito triste...

– O número de espíritos sugadores, no bar, é bem maior do que os encarnados. Como sempre digo nas palestras públicas: "Bêbado, num bar, dificilmente cai. Saiu do bar, colocou o pé na rua, muitas vezes desaba. Os que o 'amparam' voltam para o bar para continuar a sugar a energia de outros alcoolizados.".

– E, mesmo com esses recados, Miguel, as pessoas continuam a beber em excesso, e isso acontece cada vez mais cedo.

Quem quiser beber, vez ou outra, um pouquinho, pelo paladar, sem problemas. Porém, como todos são médiuns, com o excesso, ou no caso quem realmente não pode beber, em virtude do alcoolismo, abrem-se canais para que os sugadores se aproximem. É como um rádio, sintonizado em determinada estação.

– Sempre converso com meus filhos sobre isso e digo que não se trata de aparência ou conveniência, mas o fato de um médium da casa ser visto na rua em estado lastimável certamente compromete a confiabilidade de nossos trabalhos. Um irmão necessitado poderá pensar: "Ir àquele terreiro e tomar passe do Preto-Velho daquele médium que vi embriagado na semana passada?".

– Certamente. Observe agora, Miguel.

Um Caboclo, um Exu e um Preto-Velho postaram-se na porta do bar. Atrás deles, outros três Caboclos, três Exus e três Pretos-Velhos, que já estavam ali quando os médiuns beberrões entraram no bar, naturalmente todos invisíveis aos olhos da carne.

– Você percebe, Miguel, que os de frente são os que acompanham o dirigente espiritual da casa, que vieram em auxílio aos que acompanham os três médiuns embriagados? Os Guias e Guardiões dos médiuns não cessaram de alertá-los, instruí-los o tempo todo, porém, sem sucesso. Agora, com a autoridade dos Guias e do Guardião do dirigente espiritual do templo umbandista, que também são responsáveis pelos filhos da casa, inicia-se a negociação com o espírito líder dos sugadores e arruaceiros do bar.

Foi uma cena deprimente. Com firmeza e muita diplomacia, o Caboclo-Chefe conversou com o líder dos sugadores, que afirmou que "os espíritos chatos" (referia-se aos Guias e Guardiões) poderiam levar embora seus tutelados. Porém – e, aqui, o sarcasmo se multiplicava–, eles não queriam ir. De fato, os três pareciam imunes à influência positiva.

Com lágrimas nos olhos, o Caboclo-Chefe, afastou-se do bar, seguido pelos demais. Ao menos por aquela noite, a decisão de seus três filhos já estava tomada. Estariam todos a postos, na tentativa de minimizar danos provocados por atitudes dos três filhos.

– Como você bem sabe, Miguel, o álcool não está presente apenas em brindes de alegria e celebração sincera, mas também em remédios, por exemplo, além de ser utilizado em rituais religiosos, inclusive na Umbanda. Um pouquinho de cerveja bebido por um Caboclo, por exemplo, não desequilibra o organismo do médium nem mesmo quando o Caboclo desincorpora. A mesma quantidade bebida num almoço, muitas vezes, deixa a pessoa alegrinha. A Espiritualidade sabe manipular os elementos com sabedoria. Sabedoria é o que tem faltado a tantos irmãos, inclusive a esses três, que estão deixando abertas muitas de suas defesas. Porém, há que se respeitar o livre-arbítrio.

Meu Mentor evocava informações que não cansamos de repassar aos irmãos umbandistas e àqueles que detratam nossa religião, acusando-nos de beberrões. Orixás, Guias e Guardiões têm bebidas próprias, algumas delas, alcoólicas.

O álcool serve de verdadeiro combustível para a magia, além de limpar e descarregar, seja organismos ou pontos de pemba ou pólvora, por exemplo. Ingerido sem a influência do animismo, permanece em quantidade reduzida no organismo do médium e mesmo do consulente. Por diversas circunstâncias, tais como disciplina, para médiuns menores de idade e/ou que não consumam álcool ou lhes tenham intolerância, seus Orixás, Guias e Guardiões não consumirão álcool. Em algumas casas, o álcool é utilizado apenas em oferendas ou deixados próximos ao médium incorporado.

Por paralelismo, o mesmo vale para o fumo. A função primeira do fumo é defumar e por isso, exceções à parte, a maioria dos Guias e Guardiões não tragam: enchem a boca de fumaça, expelindo-a no ar, sobre o consulente, uma foto etc. Por essa razão, se o terreiro for defumado e for mantido aceso algum defumador durante os trabalhos, há Guias e Guardiões que nem se utilizam do fumo.

O mesmo vale quando o médium não é fumante ou não aprecia cigarros, charutos e outros. Cada Orixá, Linha, Guia e Guardião que se utilizam do fumo têm características próprias; entretanto, o cigarro parece ser um elemento comum para todos, embora muitas casas não os tenha mais permitido, em virtude das substâncias viciantes, aceitando apenas charutos, charutinhos, cachimbos e palheiros (cigarros de palha), conforme cada Entidade ou Linha. O fumo desagrega energias deletérias e é fonte de energias positivas, atuando em pessoas, ambientes e outros.

– Observe, Miguel, como os encarnados se afastam de seus tutores, de seus benfeitores, colocando barreiras para a ação de energias salutares. Com ingratidão, posteriormente, afirmam que Deus se esqueceu deles, que os Orixás se afastaram, que os Guias os abandonaram etc.

– Pelo que tenho observado em casos semelhantes, são médiuns que, em giras e outros trabalhos, confundiram sua atração pelo álcool, considerando-a espécie de "desejo" de seus Guias e Guardiões. Quando o templo não tem disciplina, restringindo a quantidade e a qualidade do álcool servido, tais médiuns fazem literalmente a festa. Estes três irmãos, Miguel, infelizmente, caminham por caminhos obtusos: um chega a beber em dias de gira, o que tem aumentado o trabalho da Espiritualidade para mantê-lo atento e útil durante as sessões; outro tem associado à bebida o consumo de substâncias alucinógenas, com graves consequências para sua mediunidade; o terceiro tem enveredado pelo sexo nada seguro, aumentando as possibilidades de contrair doença venérea grave.

– Já vi a bebida destruir muitos laços familiares, inclusive em famílias de Santo. Uma pena...

– Pena para os atingidos, pena maior para os próprios alcoólicos. Mas a Lei Divina é compassiva, e sempre é possível recomeçar. O trabalho de resgate é incessante, por vezes temporariamente ineficaz pela resistência dos próprios alcoólicos, atados ao vício. Importante que ocorra também no plano físico, com amor, paciência e compaixão. Além disso, vibrações positivas e preces em prol dos irmãos viciados também possuem grande importância no processo de resgate, recuperação e recomeço.

– Obviamente, para os encarnados, é mais fácil taxar, segregar, julgar, em vez de, na medida do possível, auxiliar o irmão caído a se levantar.

– É verdade, Miguel. Contudo, a Sabedoria Divina sempre disponibiliza bons samaritanos em todos os caminhos, em todas as veredas. Bem, encerremos hoje por aqui. Façamos uma prece pelos irmãos viciados, por suas famílias e, depois, você retorna tranquilamente ao corpo físico, pois não tardará a amanhecer.

Marmota

Ver **Marmotagem**.

Marmotagem

Em linhas gerais, trata-se de atitudes extravagantes que fogem aos fundamentos das religiões de matriz africana. A marmotagem não deve ser confundida com a diversidade de elaboração e expressão de fundamentos religiosos.

Exemplos de marmotagem: simulação de incorporação; Pombogira fazendo compras em shopping center; baianos e boiadeiros bebendo em barracas de praia durante festa de Iemanjá; Caboclo ensinando filho de santo a usar máquina fotográfica durante uma gira; Preto-Velho passando número de celular de médium para consulente etc.

BARBOSA JR., Ademir. *Novo Dicionário de Umbanda*. São Paulo: Universo dos Livros, 2014, pp. 177-178.

Vigiai e orai, para não cairdes em tentação.

Jesus

(Mateus, 26,41)

4

Pseudo-esquerda

– Miguel, o estudo de caso de hoje é sobre a pseudo-esquerda, certamente o que mais leva à confusão os irmãos que buscam alento e elementos para evolução na querida Umbanda. São tantos os disparates, as invenções, as mistificações. Sei que você conhece muito bem tudo isso, que, aliás, não acontece em sua casa, por força do Guia-Chefe e de toda a banda, bem como pela disciplina do corpo mediúnico.

– Sim, no ano passado fomos procurados por diversas pessoas lesadas num suposto templo de Umbanda. Levamos o caso à federação à qual estava filiada essa casa e a mesma teve seu alvará de funcionamento cassado. Houve, inclusive, inquérito policial, uma grande confusão. Imagino os débitos contraídos pelo irmão que, supostamente, atuava como sacerdote umbandista. Esse caso nem envolveu a Esquerda, foi a Direita mesmo, em nome da qual o irmão tomava dinheiro dos outros para realizar oferendas que nunca foram feitas. Um casal novo na cidade, egresso de templo umbandista de outro município por razões de trabalho, foi conhecer a casa e encontrou Preto-Velho fornecendo número de celular do dirigente espiritual, Caboclo ensinando cambone a usar máquina fotográfica, Baiano incorporando em porta de bar e pagando rodada de cerveja, cigano apalpando seios de mulheres...

– Como diz velho jargão, seria cômico se não fosse trágico. Esses disparates se multiplicam quando se trata da pseudo-esquerda. Aí, meu amigo, aparecem situações as mais diversas. Os danos causados aos irmãos em busca de auxílio espiritual são imensos.

– E a porção espiritual não consegue impedir ou minimizar os danos?

– Miguel, tudo é questão de vibração. Nesses pseudo--templos, em seu entorno, permanecem Guardiões observando tudo e, de acordo com a Lei, interferindo quando possível. O mesmo fazem Caboclos, Pretos-Velhos e outros. Contudo, a hora de espíritos de baixa vibração é que guardam esses templos da mistificação. Quando alguém, realmente de boa vontade, acreditando ser aquela uma forma de conexão com a Espiritualidade, adentra uma dessas casas, os Guardiões e Guias da Direita conseguem intuir, sugerir, despertar o senso crítico. Mas poucos são os que se deixam ludibriar por puro desespero, pela dor, por falta de orientação. A maioria das pessoas, por afinidade energética e de propósitos, se sente em casa nas dependências desses templos e, muitas vezes, deixam aflorar desejos os mais diversos, como o afastamento de um cônjuge concorrente e a imantação energética do objeto de sua paixão, trabalhos deletérios para derrubar alguém e encomenda de assassinatos.

– É sempre assim?

– Não. Há casos não menos graves, mas que se restringem a verdadeiro exercício de bufonaria. São as famosas giras em que os médiuns se esfalfam de beber, como se, teoricamente, fossem os Guardiões Exus e Pombogiras. São verdadeiras giras de Quiumbanda, isto é, de quiumbas (obsessores), e não de Quimbanda, outro nome para a Esquerda.

– Atitudes como essas só fazem aumentar o preconceito contra a Umbanda e outras religiões de matriz africana.

– E disso você entende bem, não é Miguel? Sabe o quanto é difícil obter respeito, encetar o diálogo inter-religioso e desenvolver a cultura de paz. Some-se a essa rede de pseudorreligiosos as amarrações, que, evidentemente, ferem o livre-arbítrio, os volantes do tipo "Trago seu amor em tantas horas ou tantos dias." etc. Mas vamos nos concentrar na pseudo-esquerda.

De longe era possível ver sombras e gosmas cobrindo o edifício onde se realizava uma gira de pseudo-esquerda.

Diversos espíritos com aspectos animalescos, agressivos e com linguagem chula posicionavam-se dentro e fora do edifício. Em seu interior, médiuns masculinos usavam sungas pretas ou vermelhas, enquanto médiuns femininas andavam pelo salão de lingerie. Dirigiam-se à assistência com gestos obscenos e convites sensuais, bebiam muito e falavam palavrões. Todos supostamente incorporavam Exus e Pombogiras.

Quando os assistentes entravam para ser atendidos, os médiuns incorporados tocavam-nos, excitando-se e excitando-os. O dirigente da casa, o qual, teoricamente, incorporava o Exu-Chefe da Linha de Esquerda do pseudo-templo, a pretexto de fazer um cruzamento, levou uma jovem para uma espécie de camarinha e ali mantiveram relações sexuais.

Evidentemente, essa gira de pseudo-esquerda terminou numa grande orgia, na qual diversos espíritos se locupletaram com a energia e a tensão sexual reinantes no ambiente. O número de desencarnados no local era mais que o dobro dos encarnados e disputava a tapas e mordidas as emanações energéticas desprendidas pelos médiuns e assistentes.

O segundo caso estudado foi do dirigente espiritual que, supostamente incorporando uma Pombogira, visitava um shopping center. Chegou a ser fotografado por filhos de seu terreiro, com saia preta e blusa vermelha decotada, brincos e adereços, nas escadas rolantes de um shopping center, escolhendo roupas em lojas, comprando cosméticos e dando conselhos a transeuntes pelos corredores, piscando para homens, enfim, chamando a atenção de todos. Obviamente, o médium era acompanhado por uma série de espíritos zombeteiros, que se divertiam animadamente com as situações de ridículo provocadas pela suposta Pombogira. Esses espíritos acompanhavam o dirigente nas consultas que dava, geralmente procuradas por pessoas com vibrações afins, desejosas de algo que ferisse a ética e o livre-arbítrio, embora também houvesse pessoas de coração simples, geralmente em desespero, que buscavam alívio, estímulo, conselhos e ajuda na abertura de caminhos para trilharem com os próprios pés. O dirigente espiritual é, ainda, assediado por espíritos de vibração deletéria ainda maior, aos quais se imantou em virtude de trabalhos de baixa magia, com o intuito de prejudicar a vários, inclusive com alguns homicídios e óbitos por doenças decorrentes desses trabalhos. Quando se avizinham esses espíritos, os zombeteiros se afastam, temerosos.

Após receber uma grande quantia em dinheiro de uma viúva, em virtude de um trabalho para promover a morte de seu marido, o dirigente espiritual comprou uma mesa de sinuca e uma máquina de vídeo-pôquer para serem utilizadas pelos supostos Exus e Pombogiras incorporados e, na próxima gira, pretende aparecer no que chama de "alto estilo": com uma tanga de tecido de oncinha e um top sobre seios postiços.

O terceiro caso compreende situação mais comum do que se imagina, a da falsa incorporação e da ingestão exagerada de álcool. Não seria nada de extraordinário, além do que já se conhece, se, com a ajuda de meu Mentor, eu não tivesse visualizado o fígado deteriorado de um médium que, antes de entrar na casa observada, era abstêmio e, depois de três anos na mesma, sofria de cirrose hepática.

– Como umbandista e dirigente espiritual, você sabe, Miguel, o quanto é necessário, além de cuidar do espírito e da mente, também cuidar do corpo. O corpo é o congá cotidiano dos Orixás, tenha ou não o médium o dom da incorporação. Boa alimentação, sono, exercícios físicos, relações sexuais saudáveis, em que a troca energética seja positiva são alguns dos fatores que auxiliam no equilíbrio. O corpo não é sujo, pecaminoso, errado, como tanta gente tem acreditado e pregado erroneamente ao longo dos séculos. Mas nem por isso se deve ir seminu a uma gira. Na Esquerda, na maioria das casas, assim como no caso da roupa da Direita, utiliza-se de uniforme, a fim de não haver exageros, personalismos, inadequações para o ambiente etc. Decotes? Lingeries? Sunga? O que se espera disso, senão a ativação desenfreada da energia sexual?

– Sim. É muito comum também, o senhor me corrija se eu estiver enganado, os médiuns esconderem os desejos, e mesmo sua orientação sexual, por trás de supostas manifestações de Exus e Pombogiras. Tenho alertado muito meus filhos sobre isso.

– E com razão. O desejo, em si, é neutro. O importante é como direcioná-lo para o prazer, a alegria, a completude em que as partes realizem trocas energéticas positivas, e não se usem mutuamente, abrindo portais para espíritos trevosos. Estou falando do sexo como troca energética mesmo, nem entrei no âmbito da reprodução, da encarnação de outro espírito. Pouco importa se a relação é heterossexual ou homossexual. Cada relacionamento, duradouro ou efêmero, é um encontro muito mais do que físico.

– Como o senhor sabe, há dois meses, em nossa casa, dei uma palestra sobre a questão da homossexualidade na Umbanda e sobre equívocos de interpretação na incorporação.

Meu Mentor sorriu e, com um gesto, abriu uma tela etérea onde apareciam meus filhos, sentados na assistência da casa que dirijo, enquanto eu, em pé, sintetizava o tema da palestra da noite:

– Filhos, de fato, como tantas outras religiões, a Umbanda não discrimina ninguém por sua orientação sexual. Ao contrário do que comumente se pensa, a homossexualidade é uma orientação sexual do médium, não estando atrelada ao Orixá. Quem tem um Orixá conhecido como metá-metá (energia masculina e feminina),

por exemplo, não será necessariamente homossexual ou bissexual. A forte presença de homossexuais, tanto masculinos quanto femininos, na Umbanda, no Candomblé (e, claro, em outras religiões) deve-se à acolhida, à compreensão e ao fato de não serem segregados, discriminados ou apontados, o que, além de falta de caridade denota infração a diversos direitos civis. Mesmo em terreiros onde, ao contrário do nosso, não se registram bênçãos para casais homossexuais, acolhem-se essas relações e, em nome do amor e dos direitos civis, exigem respeito para com os irmãos com essa orientação sexual. Entretanto, há casas onde o matrimônio é oferecido como sacramento tanto para casais homossexuais quanto heterossexuais. No caso dos transexuais, os templos costumam respeitar o nome social do filho ou filha, bem como sua orientação de gênero no desenvolvimento mediúnico, o que, aliás, ocorre com todos os filhos homossexuais. Por uma questão de equilíbrio energético que não tem nada a ver com homossexualidade ou bissexualidade, há casas em que médium masculino não incorpora entidade com energia feminina, e isso vale para os irmãos homossexuais, exceção feita a transexuais e outros. Segundo orientações espirituais, a mulher suporta com precisão a energia dita feminina de Orixás e Entidades. Já o homem tem um choque ener-

gético muito grande, que pode abalar sua emotividade. Contudo, tal abordagem em nada invalida a seriedade de casas onde médiuns masculinos incorporam Iabás ou Entidades diversas com energia feminina.

Com um leve gesto, meu Mentor fechou a tela etérea e, com um sorriso, me disse:

– Há dois meses você parecia mais magro... Brincadeiras à parte, numa próxima oportunidade, quando o tema de estudos for outro, veremos novamente essa sua palestra com o intuito de observarmos cromaticamente as reações dos que o ouviam com o espírito aberto e com resistência. Naturalmente, por sua intuição e pela convivência com aqueles que lhe foram destinados como filhos de fé e filhos de Santo, você sabe a opinião de cada um e administra respeitosamente as diferenças. Sei que não é fácil, mas é possível.

– Deixando de lado qualquer comentário sobre meu suposto peso mais leve há dois meses – respondi, com um sorriso – e voltando ao tema central dos estudos de hoje, são exageros muito assustadores. Como o senhor sabe, já vi e acompanhei casos graves de mistificação, mas parece que a criatividade mal empregada só tende a aumentar.

– Miguel, estamos em um período de expansão da Umbanda. Novos templos surgem, o culto não é mais deliberadamente perseguido, vocês estão em diversos eventos públicos etc. Com essa expansão, cresce o joio e cresce o trigo. Como Nosso Senhor Jesus Cristo ensina: "Não se deve cortar nada antes do tempo". A vaidade, como sempre, é a maior inimiga dos médiuns. Se fossem os médiuns mais disciplinados, não cometeriam exageros tamanhos, não se permitiriam abrir casas sem a experiência e o preparo adequados etc.

– Com os supostos Guardiões, sinto que a situação é mais pesada, até mesmo pelas pessoas que aparecem com vibrações que vão da pequena inveja à encomenda de homicídios, passando pelo desequilíbrio sexual. Como vimos, poucos são os que, de boa fé, procuram esses médiuns. Entretanto, a boa fé parece ser maior no caso da Direita, dos irmãos que frequentam casas onde supostamente, por exemplo, incorpora o cavalo de Ogum.

– Miguel, havia um templo umbandista onde o suposto cavalo de Ogum tinha até cambone exclusivo... São muitos disparates, filho...

– Muito mais do que eu vejo, na condição de encarnado, médium, dirigente espiritual e articulador do movimento umbandista. Mexer assim com o corpo, o espírito e o coração das pessoas...

– Por falar em corpo, coração e espírito, é hora de encerrarmos as atividades por hoje. Daqui a pouco amanhece e você tem de acordar. Precisa voltar ao corpo físico, como sempre, com calma, sem sobressaltos, e não a... cavalo...

– O bom humor, de fato, é essencial à Espiritualidade...

Ponto de Xangô

Estava olhando a pedreira
Uma pedra rolou

Ela veio rolando
Bateu em meu pés
E se fez uma flor

Quem foi que disse
Que eu não sou filho de Xangô?

Ele mostra a verdade
Se atira uma pedra
Ela vira uma flor

Toda verdade de justiça e proteção
Filho de Pai Xangô ninguém joga no chão

Quantos lírios já plantei no meu jardim
Cada pedra atirada é um lírio pra mim

5

Desafios

Em outra noite:

– A irmã que você está observando, Miguel, passa por uma série de desafios que testam diariamente sua fé, sua paciência, a capacidade de resiliência, de diálogo e tantos outros predicados necessários para assumir posição de liderança como dirigente espiritual e no movimento umbandista.

– Trata-se de questões cármicas, de aprendizados a que tem de se dedicar em virtude de dolorosas lições do passado?

– Não, Miguel, são exercícios para fortalecer seu caráter.

– Mas o que tem ocorrido?

– Antes de lhe dar algumas afirmações, peço que visualize os chacras principais da irmã e perceba como ela se mantém equilibrada, inclusive no sono.

– Sim, é verdade.

– Muito bem. A família dela passa por dificuldades financeiras, em virtude de problemas de saúde dos pais. Espíritos zombeteiros têm se aproveitado da situação e desmaterializado notas de dinheiro dela. Isso aconteceu várias vezes, quando sacou notas em caixas eletrônicos, por exemplo, e já chegou até mesmo a sumir notas de sua própria carteira mal haviam sido colocadas ali. Como se trata de uma lição benéfica para a irmã, a Espiritualidade Amiga interveio apenas quando ela conversou com o Caboclo-Chefe da casa que frequenta, que chefiou uma missão conjunta com o Exu do dirigente espiritual, envolvendo os Guias e Guardiões da filha, evidentemente, para impedir que essas atividades danosas persistissem. Era necessário a irmã perceber que não se tratava de perda, esquecimento ou mesmo roubo, e sim de ação espiritual deletéria.

– Entendo...

– Ela sempre se pauta pelo bom humor, Miguel. Num dos meses de maior penúria financeira, declarou a uma amiga: "Tenho dois bens materiais preciosos, meus óculos e um notebook. Agradeço muito, pois houve uma época, na adolescência, em que eram apenas os óculos.".

– Muito espirituosa... Gostei... Com relação ao sumiço sistemático de dinheiro, lição aprendida, ela pôde passar para outra.

– Na verdade, para outras. Uma das mais dolorosas foi no ambiente de trabalho e envolveu perseguição por parte de um colega de setor. Você pensa que ela alimentou mágoas ou rancores? Sofreu, chorou e buscou, sem sucesso, conversar com o referido colega e com os seus superiores. Uma noite, após as preces noturnas, antes de dormir, no aconchego do quarto, escreveu uma linda reflexão em seu diário, após vibrar positivamente pelo colega que a assediava moralmente.

Aqui, meu Mentor, com um toque suave, abriu uma tela etérea onde se via a mensagem a que ele se referira, numa linda caligrafia:

A colega de trabalho A era constantemente alvo da fúria do colega B, o qual inclusive a acusava de atos praticados por outra funcionária. Eu sempre dizia à colega: "Tenha paciência, não revide, ele não fez por mal.". Com o tempo, o colega B foi ficando mais autoritário e até conseguiu o afastamento da colega A para outro departamento. Também aumentou sua arrogância para comigo e, apesar de situações irregulares, em vez de sustentar opinião própria, passou a seguir fielmente a orientação da colega C. Não digo que fosse vítima, pois lhe era conveniente essa "fidelidade", mesmo destoando do bom senso, da legislação e do combinado entre os demais colegas.

Um dia, no auge de seu autoritarismo, o colega B me agrediu. Então, a colega A, em outro departamento, me perguntou, entre solidária e irônica: "E aí? Ele não fez por mal?".

Continuo achando que "Ele não fez por mal.", mas por ignorância ("não conhecimento") de regras básicas de convivência e por insegurança (Deixou de lado a própria opinião para se pautar, obediente, pelos ditames da colega C, inclusive, em claro processo de projeção, acusando os demais colegas de não terem opinião própria, sempre que dele discordavam, em pequenos ou grandes temas.).

É muito fácil confundir autoridade (sinônimo de "coordenação") com autoritarismo (sinônimo de "imposição"). Mestre Jesus, questionado por Pilatos se ele conhecia a extensão da autoridade do romano, o mesmo respondeu: "Não terias nenhuma autoridade sobre mim, se esta não te fosse dada de cima.". (Jo 19,11).

Pilatos, símbolo da omissão e da insegurança, também "Não fez por mal.".

– Cada vez mais, Miguel, ela está aprendendo a ser boa sem ser **boba**, sem se tornar um joguete nas mãos dos outros. Com muito tato e paciência, dois meses depois de ter escrito essa mensagem, foi transferida para outro setor, onde os colegas são acolhedores e o volume de trabalho é menor, o que a tornou menos cansada e mais disposta para os estudos e mesmo para comparecer mais descansada às giras.

– Fico feliz por ela, que se faz merecedora do melhor, sempre...

– Nesse novo setor, foi indicada para comparecer a um evento na capital. Ao final do dia, foi ao restaurante mais próximo do hotel onde se hospedara para jantar. Sendo mulher, negra e estando no restaurante pela primeira vez, o que não escapou ao garçom, também ele negro, foi alvo de racismo e chacota por parte do mesmo. Observe como reagiu.

Estavam no restaurante, a moça e o garçom. Ela faz algumas perguntas sobre o cardápio. O garçom fica em silêncio e, depois, responde em inglês, pensando que não seria compreendido: "O que esta pobretona resolveu fazer aqui?", ao que a moça, com sorriso nos lábios e com toda a gentileza do mundo, lhe respondeu em inglês, reproduzindo, ainda, a resposta, em francês, italiano, alemão e espanhol: "Se o senhor não vai me servir, poderia fazer a gentileza de chamar outro garçom?".

Enquanto eu estava sem palavras, meu Mentor fechou a tela etérea.

– Isso é dar um tapa com luva de pelica...

Desafios

– Mais que isso, Miguel: é dar a outra face, como ensina Nosso Senhor Jesus Cristo. Em vez de se irritar, a irmã evitou sintonizar-se na mesma faixa vibratória do garçom. Fosse outra pessoa, esse garçom poderia ter apanhado, recebido reclamações e até sido demitido. A irmã também não se deixou abater pela mágoa, por "valores" cristalizados, pela baixa autoestima.

– Fico muito agradecido ao senhor por ter compartilhado comigo a história dessa irmã e de como tem feito para não se deixar abater pelas pedras do caminho. Estou muito feliz por ela, como pessoa, e como futura dirigente espiritual e articuladora do movimento umbandista. Muitas vezes, os irmãos que assumem essas responsabilidades têm lindas coroas espirituais, contudo prescindem do cuidado emocional para lidar com situações de conflito. Perdoe-me se falo "deles", quando, na verdade, deveria me incluir entre todos e falar de "nós", pois não sou melhor do que ninguém. Foi apenas uma maneira de falar. O dirigente espiritual e o líder do movimento, funções que às vezes se confundem numa só pessoa, geralmente são os mais visados, pois coordenam, representam, administram expectativas, sonhos e frustrações, enfim, estão intimamente ligados à sua comunidade. Muitos irmãos têm o desejo pautado pela vaidade de estar em evidência, mas será que conseguiriam? Todos os dias, busco me conscientizar de que o trabalho dos Orixás, Guias e Guardiões é o primordial, sendo eu apenas um meio, isto é, um médium. Evidentemente isso vale para todo umbandista, médium de incorporação ou não. Não é fácil, mas essa tarefa me traz muitas alegrias. Uma delas foi a lição iluminada de hoje. Muito obrigado! Tenho certeza de que a irmã já viveu outros tantos episódios espinhosos, contudo, se o senhor selecionou esses, é porque conhece bem meu coração e meu cotidiano. Realmente, estou muito agradecido.

Abraçamo-nos como somente pai e filho sabem fazer. De modo particularmente enternecido, retornei ao corpo físico para terminar tranquilamente a noite de sono, rumo a mais um dia de experiências na carne.

Não julgueis, e não sereis julgados.
Pois, vós sereis julgados com o mesmo
julgamento com que julgardes; e sereis
medidos, com a mesma medida com que
medirdes. Por que observas o cisco no
olho do teu irmão, e não prestas atenção
à trave que está no teu próprio olho?
Ou, como podes dizer a teu irmão:
Deixa-me tirar o cisco do teu olho,
quando tu mesmo tens uma trave no teu?
Hipócrita, tira primeiro a trave do teu
próprio olho, e então enxergarás bem
para tirar o cisco do olho do teu irmão.

Jesus
(Mt 7, 1-5)

6

Médium Recalcitrante

Maria Eudóxia desencarnou em casa, sozinha, aos 68 anos de idade. Morava sozinha desde a separação, pois tinha problemas de relacionamento com os dois filhos, já adultos. Cambone num templo umbandista, era extremamente agressiva e afirmava não ser necessário buscar apoio psicológico, sugerido pelo Guia-Chefe da casa e pelo dirigente espiritual. Nenhum dos irmãos ousaria lhe fazer essa sugestão, temendo a reação de Maria Eudóxia.

Solitária, amargurada, sem outra ocupação que não o terreiro, fazia da vida dos seus irmãos uma prova de fogo. Respeitava o Guia-Chefe, isso era verdade, e sempre chorava em seu colo, depois de mais uma preleção amorosa sobre respeito, fraternidade, gentileza e comprometimento.

Extremamente grosseira, em especial com as crianças, prensava-as na parede, enxotava as mais novinhas de "coisas feitas", reclamava das que lhe pediam água, mas, em festas de Cosme, Damião e Doum, era toda sorrisos para os erês. Sua birra maior, contudo, era Bernardo, seu irmão cambone, que ingressou na casa há uns quatro anos depois dela. Quando o Guia-Chefe da casa avisou que Bernardo seria o cambone-chefe, foi um pandemônio: Eudóxia balançava a cabeça negativamente, em sinal de desaprovação, e chegou a enviar um e-mail para Bernardo, dizendo "Você não é chefe de nada naquela casa!", ao que ele respondeu: "Não sou mesmo, minha irmã. Ali eu apenas, certo ou errado, e geralmente errado, procuro fazer cumprir as determinações do Guia-Chefe da casa.". Depois do e-mail, Bernardo conversou com o Guia-Chefe e combinaram que o termo utilizado para a função de serviço seria "Responsável pelos cambones", ao que o Guia-Chefe acrescentou sorrindo: "É muito cacique pra pouco índio, filho. Tenha paciência....".

E Bernardo tinha paciência e orava por Maria Eudóxia, que prosseguia em sua campanha contra as palestras de Marcela, os textos de Cristóvão num jornal umbandista, afirmando que ele espalhava o ódio em nome de Deus, os ensaios de teatro que Andreia organizava, tudo às vistas do Guia-Chefe, que a aconselhava e advertia, mostrando o peso de suas atitudes para o andamento global da casa e de seus projetos junto à comunidade.

Maria Eudóxia chorava, até diminuía as fofocas e as críticas ferinas, contudo não conseguia se abster, principalmente de criticar Bernardo. Espalhou pelo terreiro que ele era pai de dois filhos que não assumia e que se apresentava em outros terreiros como dirigente espiritual. Essa última grave acusação quase fez Bernardo perder a paciência. Eudóxia havia visto numa rede social, um contato de Bernardo que morava no Sul do país perguntar se ele era piá de Santo, ao que ele respondeu que sim, que era filho de Santo de determinado templo umbandista. Afoita em encontrar defeitos nos irmãos e mostrar serviço ao Guia-Chefe, embora Bernardo tenha afirmado ser filho de Santo, Maria Eudóxia leu que ele afirmou ser dirigente espiritual, confundindo o vocábulo "piá", comum no Sul do país e utilizado pelo contato de Bernardo, com "pai".

Não houve mais palestras, nem ensaios com crianças, nem dinâmicas de grupo, para estreitar as relações, também organizadas por Andreia. Assim determinou o Guia-Chefe, ao menos por ora, para que os filhos não ficassem tão expostos às críticas de Eudóxia e às energias negativas decorrentes das mesmas.

Médium Recalcitrante

67

Cristóvão continuou a escrever para o jornal. De tipo caladão, mas sempre de bom humor, um dia declarou ao Guia-Chefe: "Além de ser errado desejar que alguém morra, é melhor lidar com Eudóxia em vida mesmo, pai. Ela desencarna e ainda vem obsidiar a gente, em casa. Já pensou? Acho que estou evoluindo mais rápido convivendo com ela, Pai!". O Guia-Chefe riu e pediu que tivesse paciência.

E, como o momento da passagem chega para todos, o dia de Maria Eudóxia a encontrou sozinha, em casa, com o pensamento focado em Bernardo, que, segundo ela, um dia trairia a confiança do Guia-Chefe. Deitou-se e não mais acordou. Ao menos no plano terreno.

Despertou, assustada, numa espécie de gruta úmida e escura, ouvindo sons sibilantes. O chão era viscoso, assim como as paredes. A luz da Lua iluminava a entrada da caverna, de modo precário. Eudóxia tentou se levantar, mas se sentia muito cansada. Escorregou e se arrastou em direção à entrada da caverna, que parecia cada vez mais distante. Pensou: "Meu Deus, como o Guia-Chefe pôde permitir que isso acontecesse comigo?". Então, ouviu uma gargalhada sonora.

– A moça não está gostando da hospedagem. Ha ha ha!

– Quem é você?, gritou Maria Eudóxia, assustada.

– Na encruza me chamava de senhor, agora me chama de você, moça? Que intimidade... Ha ha ha!

– Você... O senhor é meu Guardião?

– Que jeito, não é moça? Ha ha ha!

– Mas... onde eu estou? Por que estou aqui? Não que não tenha gostado de ver o senhor... Mas eu esperava ver o Guia-Chefe...

– Que deselegância, moça! Ha ha ha! Não fosse eu e o Exu, que acompanha o Guia-Chefe do templo onde a moça pintou e bordou, a moça estaria numa cova mil vezes pior.

– Quem me mandou aqui? Espere... É um sonho ou eu desencarnei? Estou confusa...

– Confusa? Confusão foi o que a moça causou a vida toda. Ha ha ha! A moça desencarnou sim. Foi dormir e acordou deste lado. Quem a colocou aqui? Ora, moça, foi você mesma. Aliás, você se colocou num lugar pior. Como lhe disse, eu e o Guardião que acompanha o Guia-Chefe é que a arrastamos para esta caverna formosa. Ha ha ha! Somos agentes da Lei atuando nesses buracos todos. É nosso local de trabalho.

– Mas eu... Mas eu... Tenho tanto carinho e amor pelo Guia-Chefe...

– Só por ele, não é moça? Ha ha ha! Pois, com os outros, era só arrogância e agressividade.

Médium Recalcitrante

– *Não... Senhor Exu, e este som que parece barulho de cobra?*

– *Cobra? Parece é o barulho da sua língua! Ha ha ha! Moça, a Lei Divina não falha. Cada um se coloca onde merece, cada qual colhe o fruto que plantou. Por isso, Vossa Fofoquência está nesta caverna. Ha ha ha! Estaria em lugar pior, mas, cumprindo ordens, a trouxemos para cá. Cochilou uns tempos nesta lama, embalada pelo barulho de línguas de cobra provocado pelo seu próprio comportamento em vida. Agora acordou e vai ser resgatada.*

– *Há quanto tempo estou aqui?*

– *Moça, há uns 40 anos... Foi tanto o lodo que espalhou em vida que, quando desencarnou, ele dava umas dez voltas em seu corpo. Ha ha ha! Mas, moça, como você foi fazer isso? Tanta instrução, tanta orientação...*

– *Ajude-me, Senhor Exu!*

– *E não estou ajudando? Não sou Guardião agindo em nome da Lei? Eu a protegi todo este tempo em que Vossa Sonolência dormia. Ha ha ha! E agora vou levá-la até o limite onde o Caboclo que a acompanhava em vida virá buscá-la para levá-la a um hospital.*

– *Mas e o Guia-Chefe?*

– *A moça está na lama e ainda quer escolher companhia? Ha ha ha! O Caboclo que a acompanha há* tanto tempo, você nunca o incorporou porque não era médium desse tipo, mas sempre soube que ele esteve ao seu lado... O Caboclo vem buscar a moça, com todo o carinho e amor. Quanto ao Guia-Chefe, vai demorar um pouco para a moça ver, mas ele virá visitá-la em breve, no hospital, pois um pai nunca abandona um filho, ainda mais o pai de uma família espiritual. Mas a moça vai ter de estar pronta para ouvi-lo. Ou ele vai repetir o que sempre falou? Alguma vez você deu bola?

– Eu era a filha mais organizada do terreiro...

– Moça, eu acho que você está querendo ficar aqui por mais uns 40 anos... Ha ha ha! Não, né! Então vamos logo e, se possível, vá quietinha, pensando coisas boas para não complicar as coisas para você. Se insistir em falar, acho que vou transformar sua língua em língua de cobra para você fazer sssssshhhhh. Ha ha ha!

Com um movimento com a mão esquerda, o Exu levantou Eudóxia do chão. Ela estava com o uniforme branco do terreiro, toda esfarrapada. O Exu vestia uma roupa preta elegante e usava uma capa da mesma cor, porém forrada de vermelho.

Caminharam lado a lado, por uma paisagem de desolação, Eudóxia tremendo de frio e de medo. É claro que o Caboclo poderia ter descido até a esfera onde Eudóxia se encontrava, tê-la buscado. Contudo, de comum *acordo com o Guardião de Eudóxia, achou melhor a caminhada, para que ela visse o estado de outros espíritos em vibrações deletérias, de modo a conscientizar-se da importância de se manter o padrão mental amoroso e solidário. Erros todos cometem, pois isso faz parte do aprendizado. Porém, atitudes deliberadamente hostis contra o próximo são verdadeiras maldições que cada qual lança contra si mesmo.*

Chegando a um portal de pedras, Eudóxia viu um índio grande e com semblante sério. Compreendeu tratar-se do Caboclo. Ele e o Guardião se cumprimentaram.

– Está entregue, moça. Em breve vou visitá-la. Estivemos, estamos e estaremos ao seu lado. Faça a fineza de não se afastar de nós. Ha ha ha!

Abraçou-a carinhosamente e despediu-se do Caboclo, que abraçou Eudóxia e seguiu calado. Prudentemente, Eudóxia também não entabulou conversação.

A paisagem aos poucos se alterava, com flores, vegetação diversa, pequenos córregos e um sol ameno. Chegaram ao topo de uma pedreira, de onde brotava uma enorme cachoeira. Subindo, no meio do rio, avistaram uma ilha ocupada por uma construção branca e azul-royal protegida por muros altos.

O Caboclo tomou a mão de Eudóxia e ambos volitaram até a ilha.

– Mas, Caboclo, se dava para fazer assim, por que andamos tanto?

– Filha... Hum... – respondeu o Caboclo.

Chegando à ilha, um portão dourado que se destacava entre os muros enormes, abriu-se. Uma mulher e dois homens trajando túnicas alvíssimas abraçaram o Caboclo e Maria Eudóxia, convidando-os a entrar.

– Caboclo agradece, mas tem de ir embora. Filha, Caboclo está sempre com você. Faça tratamento direito. Caboclo virá sempre visitar.

E saiu volitando. Chegando à outra margem, correu em disparada.

A mulher pegou Eudóxia pelo ombro e todos entraram.

– Maria Eudóxia, meu nome é Camila e sou diretora do Hospital Nossa Senhora Aparecida. Seja bem-vinda! Vamos caminhar pelos jardins até o prédio central. Este é o enfermeiro Fábio, que ajudará a cuidar de você. Este senhor é o Doutor Rogério, médico que faz supervisão em nosso hospital e estará aqui esta semana.

Caminhando por uma alameda, chegaram ao prédio central. Fábio e Doutor Rogério despediram-se de Camila e de Maria Eudóxia, que entraram no escritório da diretora do hospital, uma ampla e arejada sala. Sentaram-se em poltronas confortáveis.

– Maria Eudóxia, eu quero que pense que está numa clínica de repouso e recuperação...

– Mas quando vou ver o Guia-Chefe? – interrompeu a recém-chegada.

– Em breve, minha querida, em breve. Pense que está numa clínica de repouso e recuperação, como aquelas particulares, da Terra.

Maria Eudóxia, espantada, encarou a diretora.

– Sim, minha querida. A conta de sua estada já foi paga. Você quer ver os credores?

Maria Eudóxia acenou afirmativamente. A diretora, então, foi até sua mesa e, de uma pasta, retirou uma folha.

– Veja, Eudóxia, o quanto seus irmãos oraram por você, enquanto você ainda estava encarnada e depois do desencarne. Foi esse crédito que, perante a Lei Divina, nos permitiu o resgate e o tratamento quase imediatos. Aproveite a oportunidade, minha irmã.

Maria Eudóxia chorou muito. A diretora a olhava compassiva. Colocou a mão em seus ombros, convidando-a a levantar-se. Conduziu Eudóxia até um quarto grande, onde, sobre a cama, havia toalhas, roupas brancas e limpas e suporte para a higiene. Eudóxia foi até o banheiro contíguo para tomar banho e colocar roupas limpas. A diretora pediu licença e deixou-a à vontade.

Enquanto se despia, Maria Eudóxia pensava quando encontraria o Guia-Chefe do terreiro do qual havia sido filha na última encarnação. Levaria tempo para acalmar seu coração e se preparar para reconhecer em Fábio seu irmão cambone Bernardo, desencarnado havia 15 anos, que se apresentava como o enfermeiro que havia sido numa de suas encarnações, e no médico em visita Doutor Rogério, o Guia-Chefe da casa que, naquele hospital, humilde e ecumenicamente, se apresentava com a roupagem fluídica de médico para não melindrar espíritos em recuperação que, preconceituosamente, não aceitariam ou ficariam temerosos em ser atendidos e tratados por um Caboclo.

– Percebe, Miguel – disse meu Mentor –, o quanto é importante não se deixar afetar pela energia das Eudóxias que encontramos na casa que você dirige e no movimento umbandista em geral? Percebe também o quanto é importante acolher essas pessoas, em vez de mandá-las embora? É para elas que você tem de voltar os olhos, seus trabalhos, embora seja extremamente desgastante. O Mestre não afirmou que veio para os doentes? Esses irmãos são os mais doentes, solitários, vítimas e algozes de si mesmos, condenando-se à ojeriza, ao escárnio, à exclusão. Nem a simpatia dos filhos Eudóxia granjeou. Eles até afastaram os filhos da própria avó, temendo que fossem eles influenciados por ela, que já havia causado uma série de dissabores domésticos. Não estamos a julgá-los, apenas observamos o núcleo familiar e aprendemos com suas experiências. Aliás, se realmente se comprometer com sua melhora, Eudóxia, em breve, receberá a visita de sua mãe, em desdobramento, que está encarnada e com dezesseis anos. Antes dos 30, deverá engravidar: Eudóxia, por meio das bênçãos da reencarnação, terá outras tantas oportunidades de autoaperfeiçoamento, de evolução.

– De fato, são muitas Eudóxias, mas também são muitos Bernardos, e é neles que tenho de me apoiar, não é mesmo?

– Certamente. A língua é o chicote do corpo, como se diz. Eudóxia fustigou muita gente, mas, principalmente, dedicou-se à autoflagelação.

– Amanhã é dia de prudência com os ouvidos. Após a gira, conversaremos sobre a organização da festa de Iemanjá... – disse ao meu Mentor.

– Fique tranquilo e seja prudente: há uma banda toda para proteger e amparar você.

Rimos juntos e nos abraçamos. Tinha de regressar ao corpo carnal, pois a manhã já se avizinhava.

Não terias nenhuma autoridade sobre mim, se esta não te fosse dada de cima.

(Jo 19, 11)

7

Autoritarismo

– Miguel, hoje o estudo de caso será sobre a diferença entre autoridade e autoritarismo. Você, como dirigente espiritual e líder do movimento umbandista, está sujeito às tentações do autoritarismo, do personalismo, das vantagens escusas. Os espíritos de vibração deletéria sempre tentarão abalar sua autoridade com esses desvios, além, é claro, de incitar aqueles que pretendem desmoralizá-lo, enfraquecê-lo, contestá-lo. Lembre-se sempre de que a autoridade, ainda mais na área religiosa-espiritual, é sinônimo de coordenação e responsabilidade.

– Muito difícil essa parte da missão, mas eu a aceitei conscientemente e me valho da imagem do Divino Mestre a lavar os pés dos Apóstolos, convidando-os a fazer o mesmo entre si, ou seja, lembrando-lhes a importância do serviço fraterno. Obviamente nós, dirigentes espirituais umbandistas, temos defeitos, falhas, imprecisões etc. Por vezes, os filhos se esquecem disso.

– É verdade, Miguel. Mas o caso que veremos hoje é o de abuso de autoridade por parte de um dirigente espiritual em relação a um filho que sofre muito e duplamente: pelas farpas, por perceber que é tratado com diferença (às vezes, com indiferença) e pelo dirigente espiritual e por amá-lo demais, nutrindo por ele grande carinho e simpatia.

No meio da mata, uma cachoeira encimada por uma pedreira, onde estava o Caboclo do dirigente espiritual. Este, em desdobramento provocado pelo sono, reconheceu o Caboclo e ajoelhou-se, tomando-lhe a bênção.

– Filho, hoje eu o trouxe para uma conversa definitiva sobre um tema que há muito tem incomodado o Caboclo. É uma negligência sua, uma crueldade, uma cisma. Você tem um filho que, desde que entrou na casa, tem sofrido bastante com sua agressividade. O Caboclo nem vai perguntar o porquê disso, pois a resposta é mais do que evidente: ciúmes, inveja, insegurança.

– Não é bem assim, Pai!

– O Caboclo está falando, filho, e você veio aqui para ouvir. Desde o início, você se incomodou com o filho porque, ao contrário de você, que é mais fechado,

e o Caboclo respeita isso, pois cada um é de um jeito, o filho, quando chega ao terreiro, abraça um por um e é muito simpático com todos, atencioso e sorridente. Pelas regras e simbologia da Umbanda e de nossa casa e pela formação de Santo que o filho carrega, vindo de outro terreiro, o mesmo deveria usar um brajá, mas você não permitiu, alegando que ele, e as palavras são suas, passaria na frente dos outros.

– Mas é que... Pai...

– Filhos que entraram depois dele usaram brajás sem problemas. Alguns são até muito vaidosos com as guias no corpo, ao contrário do filho que, com ou sem brajá, se esforça do mesmo jeito para trabalhar a mediunidade.

– Pai...

– Você esquece que também veio de outra casa e foi recebido respeitosamente com sua formação de Pai Pequeno? A filha que dirigia a casa recebeu você com tanto amor. Quando faleceu, você assumiu a direção da casa que, hoje, é a casa do Caboclo.

– É verdade...

– Você sabe que tem agido errado e o Caboclo já mandou vários recados pela sua intuição. E não adianta dizer que não recebeu. Você persegue o filho abertamente, todo o terreiro já percebeu. Numa gira, a casa estava lotada, o filho estava com muita dor de cabeça e

Autoritarismo

81

não bateu cabeça durante a saudação de Xangô. Você, falando naquele aparelho que aumenta a voz, disse que ele deveria bater, pois todos sabiam que ele era capaz. A assistência cheia, inclusive com parentes do filho... Mas não é por isso... Que atitude a de um dirigente espiritual! Você se comportou como criança mimada. Você pensou que, se um filho bate cabeça todos os dias e, numa gira não bate, é porque pode não estar bem? A cabeça do filho doía, e a sua deveria estar vazia.

– Pensei que ele pudesse estar fazendo corpo mole...

– E se estivesse? Chamasse-o em particular para conversar. Não bastasse a história do brajá, com a qual o filho sofreu muito, não pelo brajá em si, mas pela atitude do dirigente espiritual da casa para onde ele havia se mudado, com confiança e devoção, novo na cidade, você ainda o excluiu de trabalhos em que, por sua formação, ele deveria estar. Muito educado, fingiu não saber de nada e nunca questionou nem quando, tempos depois, você disse em público que era necessário que médiuns com a formação dele participarem desses trabalhos para os quais você nunca convidou-o!

– Era diferente...

– Diferente como? Você quer tapear o Caboclo? Está para nascer quem vai conseguir fazer isso... Você convidou até filhos com menos formação mediúnica que ele.

– *Eu estou reorganizando o terreiro...*

– *E é bom que saiba que aquela casa tem dono!* Gritou com o filho várias vezes em público porque ele não faz as coisas na velocidade que você espera, embora seja atento e prestativo. Pede para ele abrir a janela, ele pede para você esperar um pouquinho só, que aguarde terminar de firmar aquela vela, e você finge que nem ouve e já pede para outro. Faz isso muitas vezes, em várias situações. Nunca lhe fez um elogio por seu trabalho (não que ele esperasse...), porém, por menos, se derrete para outros filhos em palavras de gratidão. Como pretende convencer o Caboclo de que não o trata com diferença? Quantas vezes o Caboclo não alertou você para esse exagero, essa injustiça?

– *Pai, eu tenho defeitos como todo mundo...*

– *Defeito é uma coisa, é do ser humano. Mas essas atitudes não têm justificativa. Vira o rosto quando o filho pede a bênção, sorri amarelo, grita com ele em reunião geral e de diretoria da casa, reclama dos convites que ele apresenta, como relações públicas da casa. Aliás, você vai aos lugares e depois reclama que o filho empurra convites de festas, eventos e contatos de outras religiões para você. Empurra? Você vai amarrado a esses lugares?*

– *Não, Pai, é que...*

– Melhor você ouvir quieto! Cada vez que fala se complica ainda mais... Quero que saiba que o filho vai muito bem e, apesar de seu comportamento errado de dirigente espiritual, tem se desenvolvido com fé, alegria, devoção e serviço. Você, por outro lado, tem contraído débitos muito grandes com a Espiritualidade, com sua missão mal cumprida. Se não melhorar, o Caboclo vai fechar sua coroa! Sempre serei seu Pai, mas não quero filho meu dirigindo casa com leviandade.

O dirigente espiritual chorou muito. Tanto ele quanto o Caboclo sabiam que, no plano físico, seria muito difícil ele mudar sua atitude para com o filho que menosprezava, inclusive de maneira evidente e agressiva.

– Saiba, filho, que, muitas vezes, quem ampara um pai, até mesmo fechando seus olhos na hora da morte, é um filho desprezado, renegado. A vida dá muitas voltas, muitas lições.

O Caboclo o levantou e disse para que entrasse na cachoeira. O dirigente espiritual obedeceu. Quando saiu, o Caboclo, que estava com um charuto aceso à boca, bafejou sobre o filho, cruzou-o à sua maneira, abraçou-o e pediu para que voltasse para o invólucro físico. Feito isso, em companhia do Caboclo do filho menosprezado pelo dirigente espiritual, que surgiu da mata a um sinal feito por ele, Caboclo-Chefe da casa, *fez uma prece a Xangô, para que seu médium tivesse discernimento e o filho que sofria tanto com as injustiças, firmeza e serenidade. Não gostaria que o filho saísse do terreiro, a menos que assim decidisse voluntariamente e com o apoio do Caboclo que o acompanhava.*

– Miguel – disse meu Mentor –, todos somos especiais, porém, por vezes, muitos de nós nos achamos mais especiais que os outros. Lutamos para sermos os melhores, ou ainda, melhores do que os outros, mas a tarefa evolutiva prescinde que sejamos hoje melhores do que fomos ontem. Numa casa religiosa, existem funções, e não cargos. Mas, se usarmos a palavra "cargo", comum às religiões de matriz africana em geral, embora pouco comum na Umbanda, devemos nos lembrar de que "cargo" é aquilo que se carrega, mas não como peso, e sim como presente, responsabilidade, talento a ser desenvolvido, multiplicado e compartilhado.

– De fato, as tentações de poder são muitas, de subvertê-lo de suas características de serviço, ainda mais espiritual e religioso. Por isso, sempre peço que os médiuns da casa rezem sempre com muita atenção, em especial a Prece de Cáritas, observando o que pedimos a Deus e como podemos, de acordo com as possibilidades de cada um, consolar, trazer paz, auxiliar.

Meu Mentor, sempre carinhoso e gentil, abriu uma tela etérea em que aparecíamos rezando a Prece de Cáritas na abertura de uma das giras de nossa casa. Foi emocionante ver a todos nós, rezando em uníssono e, acredito eu, realmente concentrados e com o firme propósito de servir e auxiliar:

DEUS, nosso Pai, que sois todo poder e bondade, dai força àquele que passa pela provação; dai a luz àquele que procura a verdade, pondo no coração do homem a compaixão e a caridade.

Deus, dai ao viajor a estrela guia; ao aflito, a consolação; ao doente, o repouso. Pai, dai ao culpado o arrependimento; ao espírito, a verdade; à criança, o guia; ao órfão, o pai.

Senhor, que a vossa bondade se estenda sobre tudo o que criaste.

Piedade, Senhor, para aqueles que não vos conhecem; esperança para aqueles que sofrem.

Que a vossa bondade permita aos espíritos consoladores derramarem por toda parte a paz, a esperança e a fé.

Deus, um raio, uma faísca do Vosso Amor pode abrasar a Terra.

Deixa-nos beber nas fontes dessa bondade fecunda e infinita e todas as lágrimas secarão, todas as dores acalmar-se-ão.

Um só coração, um só pensamento subirá até Vós como um grito de reconhecimento e amor.

Como Moisés sobre a montanha, nós Vos esperamos com os braços abertos.

Oh! Poder... Oh! Bondade... Oh! Beleza... Oh! Perfeição... E queremos de alguma sorte alcançar a Vossa Misericórdia.

Deus, dai-nos a força de ajudar o progresso a fim de subirmos até Vós.

Dai-nos a caridade pura; dai-nos a fé e a razão; dai-nos a simplicidade que fará de nossas almas o espelho onde deve refletir a Vossa Santa e Misericordiosa Imagem.

Assim seja!

Com um leve sorriso, meu Mentor fechou a tela etérea.

– A própria origem da Prece de Cáritas, que você conhece tão bem, nos conduz à humildade verdadeira e ao serviço ao próximo, que, no fundo, é um serviço de autoconhecimento. Foi psicografada no Natal de 1873, em Bordeuax (França), pela médium Madame W. Krell, com a qual trabalhava o espírito da suave Cáritas. Natal, Miguel... Todo dia pode e deve ser Natal.

– Sim... Eu imagino a dor que o filho daquele dirigente espiritual deve sentir...

– Só não é maior do que o amor que ele nutre pelo próprio dirigente espiritual. Amor sincero, verdadeiro, sem nada de "apesar de". Se ele pensa em sair da casa, é para ao menos minimizar o sofrimento, mas também por medo de explodir, ferir, machucar o dirigente espiritual.

– Mas ele já tentou expor seus sentimentos ao dirigente?

– Sim, Miguel, de forma sutil. E, como é bastante intuitivo, sabe que o dirigente espiritual tem consciência sim das atitudes que tem tomado. Em outras palavras, pode até agir por impulso, mas não inconscientemente, contra seu filho.

– Muito bonito o fato de ele não deixar de amar o dirigente espiritual...

– Muitas pessoas não veem a semelhança na relação entre dirigente espiritual e filhos com a relação entre pais e filhos no lar. Às vezes, a ligação é até mais forte. Não é à toa que se usam os termos "pai", "mãe", "filho", "filha".

– Eu sinto isso com meus filhos de Santo.

– E assim é. No caso em questão, por sua índole bondosa, o filho teme antes perder o amor ao dirigente espiritual do que perder o respeito, pois este último ele sabe que não perderia mesmo, pois é muito educado.

– Esse dirigente está perdendo uma grande oportunidade...

– A situação tem sido tão intensa que o Caboclo-Chefe da casa resolveu ter uma conversa definitiva, depois de avisar, sugerir etc.

– Sábio e generoso o Caboclo, claro...

– Sim, Miguel. Jamais abandonaria seu filho, apenas interferiria para que suas faculdades mediúnicas cessassem ou se reduzissem. Além disso, não o deixaria mais dirigir o terreiro, inclusive para que não contraísse mais débitos com a Espiritualidade, direcionando os médiuns para outra casa confiável ou criando uma situação propícia para que outro médium assumisse a chefia da casa. São várias as possibilidades.

– Além de tudo, deixar seu filho ao léu seria contraditório com tudo aquilo que ele mesmo ensina... A Espiritualidade Amiga jamais se afasta dos tutelados. Nós é que, por nossas atitudes, nossos pensamentos, nossas vibrações incompatíveis nos afastamos, criando uma série de infernos pessoais.

– Isso é simples e complexo ao mesmo tempo, Miguel... Muitos irmãos, apenas quando chegam ao "lado de cá da vida" é que percebem isso. Mas, nunca é tarde, sempre é possível recomeçar, ainda que se perca muito tempo e se caminhe a passos muito, muito lentos.

– Para o bem de ambos, espero que tudo se ajeite da melhor forma possível...

– Também para o seu bem, Miguel.

– Como assim?

– O filho em questão, no tempo certo, se tornará dirigente espiritual e se envolverá na condução do movimento umbandista, auxiliando você, Miguel, a irmanar todos os segmentos de Umbanda, aproximando-se de outras religiões, enfim, o que você conhece muito bem. O dirigente espiritual repreendido por seu Caboclo também será de grande valia se parar de olhar para o próprio umbigo e passar a valorizar seus companheiros, a começar pelos próprios filhos.

– Razão dobrada para eu desejar que tudo dê certo.

Meu Mentor me abraçou paternal e fraternalmente. Fim da lição daquela noite.

Ponto das Jabás

Oi, viva Oxum, viva Iansã e Nanã
A Mãe Sereia que vem nos ajudar

Oi, viva Oxum, viva Iansã e Nanã
A Mãe Sereia que vem nos ajudar

Oi, me leva pras ondas grandes
Eu quero ver a Sereia nadar
Eu quero ver os Caboclinhos n´areia
Eu quero ver a nossa Mãe Iemanjá

Aruanda ê ê ê ê
Aruanda ê nas ondas do mar
Aruanda ê ê ê ê
Aruanda ê nas ondas do mar

8

Fazendo Arte

– Hoje, Miguel, vamos acompanhar o trabalho de uma jovem umbandista ousada, que está escrevendo um livro para crianças sobre as Iabás.

– Que maravilha! Estou curioso para saber quais são as dificuldades que tem encontrado e como faz para superá--las! Seria o contato com as editoras, que se negam a publicar seu trabalho?

– Não. Trata-se de algo mais específico. A irmã tem enfrentado grande resistência entre os próprios umbandistas e candomblecistas para quem mostrou os manuscritos. Desde o início, deixou bem claro que não se trata de livro sobre religião, mas sobre cultura afro, cujos valores, evidentemente, se refletem na Umbanda e no Candomblé.

– Mas, por que a resistência?

– No fundo, por vaidade e inveja, é claro. Muitos irmãos da Umbanda reclamam pelo fato de ela ser umbandista e privilegiar as cores dos Orixás no Candomblé. Na realidade, conforme a irmã explica amorosamente, ela está se pautando pelas cores e pelos arquétipos afros, dos quais o Candomblé está mais próximo. Por sua vez, irmãos do Candomblé reclamam porque a irmã não é candomblecista, mas nas descrições das personagens se vale das cores dos Orixás no Candomblé. A irmã repete as mesmas explicações...

– Que confusão! Que perda de tempo...

– Existem aqueles que também reclamam porque ela não é dirigente espiritual e, portanto, "Não teria direito a escrever.". Outros questionam seu trabalho, porque não é psicografado...

– Já compreendi um pouco onde estão as dificuldades da moça...

– A escritora, contudo, prossegue seu trabalho, com muita alegria e um tanto de angústia. Por vezes, se sente insegura, mas não pensa em desistir. O livro terá pouco texto e será ricamente ilustrado por um amigo. Já escreveu sobre Oxum, Iemanjá e Nanã. Em breve escreverá sobre Iansã. Vamos observá-la revisando as páginas já escritas.

Na cozinha de sua casa, a escritora lia e relia as folhas impressas, cujo texto delicado e amoroso segue:

Oxum é menina que gosta de rios e cachoeiras, sempre dengosa, bem-vestida, aprumada. Adora arrumar os cabelos ao som das águas e se olhar no espelho para ver como está o penteado.

Por onde Oxum passa os peixes também navegam, trazendo um colorido para as águas. Oxum senta-se nas pedras e, com os pés na água, acaricia o dorso dos peixes.

Gosta de dançar na areia, à luz da Lua. Pisa mansinho, miudinho, quase não se escutam seus passos.

Os pássaros comem em suas mãos, pois aí se sentem em casa. Sentem também o amor e a doçura de Oxum. Ela gosta de alegria, música, poesia, festa. Quer ver Oxum contente é convidá-la pra uma festa!

Oxum também gosta muito de flores, em especial as amarelas. Imagine sua alegria quanto vê um campo de girassóis! Seus amigos costumam fazer a seguinte surpresa: preparam um balaio bem bonito com flores e vão devagarinho até a beira do rio, colocam o balaio nas águas, batem palmas e cantam. Quando Oxum se vira para ver de onde vem tanta festa, o balaio segue a correnteza em sua direção; ela sorri e abre os braços para receber o presente. Todos ficam muito contentes. Outros preferem colocar rosas perto da cachoeira, que ela recolhe. Há também amigos que preferem plantar flores perto de uma cachoeira, para ela poder passear entre elas, até mesmo se sentar ali, ajeitar a roupa e, claro, alinhar os cabelos.

Quando Oxum caminha, na verdade ela dança! E não poderia ser diferente: o som de suas pulseiras convida o corpo a uma coreografia suave, ritmada.

Seu sorriso é sincero, acolhedor. Porém, como não existem apenas águas calmas, mas corredeiras fortes e rodamoinhos, Oxum também se zanga, em especial com toda a sujeira, todo o lixo jogados sem suas águas. Então seu olhar fica firme, ela bota a mão na cintura, bate o pezinho e aponta o dedo na direção dos sujismundos, pedindo que tomem mais cuidado com os rios e as nascentes, enfim com as águas. Ensina as crianças a não escovarem os dentes com a torneira aberta, a beberem água enquanto brincam e estudam, a não entrarem em águas onde não dá pé e a correnteza é braba.

No geral, Oxum resolve tudo na maior calma. Um dia alguém estava muito nervoso e queria discutir com Oxum. Ela deixou a pessoa esperando um bocado de tempo enquanto arrumava os cabelos, ajeitava as pulseiras, enfim. Quando terminou de se arrumar, a pessoa já havia ido embora e nem estava mais irritada.

Oxum adora comer com os amigos, à beira d´água, curtindo a paisagem. Gosta muito de banana frita e ipeté (feito à base de inhame), omolucum (prato preparado com feijão-fradinho), moqueca e pirão de peixe. De sobremesa, prefere quindim, aquele bem-feitinho, parecendo um sol.

Assim é Oxum, essa menina.

***

Iemanjá adora uma praia. Pode ser vista no mar, descansando nas pedras, caminhando lentamente pela areia, sempre formosa, altiva, atenta a seus filhos e aos pescadores, jangadeiros, surfistas, a todos que elegem o mar como seu santuário. Conhece o ritmo das ondas, os segredos das ondas, a localização de tesouros perdidos, as qualidades dos peixes. Em suas mãos, até os tubarões se amansam. As baleias cantam para Iemanjá, à noite, para ela dormir. Os golfinhos fazem acrobacias quando ela acorda e se espreguiça enquanto o Sol se abre.

Mãe dos peixes até no nome (Iemanjá significa "Mãe cujos filhos são peixes."), adora dançar. Por isso coordena a coreografia de seus filhos peixes e humanos, assim como a dança das ondas, das marés, das ressacas.

Festa de Iemanjá é sinônimo de alegria, pois a mãe é muito querida. Festa para mãe tem sempre muita gente, não é? Com Iemanjá não seria diferente, basta olhar o tamanho do quintal dela: todo o litoral brasileiro! Por ser mãe experiente, sabe orientar para que as famílias, as uniões todas, os lares sejam harmoniosos e abençoados pela água e pelo sal. E os filhos gostam de ver a mãe sempre bonita, por isso lhe dão flores e perfumes.

Agora, quem nunca viu uma mãe irritada? Quando Iemanjá encontra sujeira na praia (no mar, na areia, nas pedras), fica muito braba, chama atenção, dá sermão, bota as mãos na cintura, inclina o corpo, aponta o dedo, ai, ai. Faz as ondas trazerem a sujeira de volta para que os filhos recolham sozinhos, como crianças que têm de aprender a guardar os brinquedos. É mãe carinhosa, mas não mima filho nenhum...

Sábia e experiente, Iemanjá não é mulher de fugir de problemas. Os mais velhos contam que o Sol andava muito cansado de tanto brilhar. Além disso, tudo andava se queimando na Terra. Então Iemanjá propôs ao Sol que descansasse. Com alguns raios de Sol que havia guardado por debaixo da saia, ela fez um novo astro, mais suave, menos intenso, que passou a iluminar e refrescar a Terra enquanto o Sol dormia: a Lua. Enquanto o Sol dorme, as estrelas velam seu sono e a Lua dá conta do recado. No dia seguinte, tudo recomeça. Iemanjá, do mar e das pedras, contempla satisfeita sua invenção.

Iemanjá gosta de rosas e palmas brancas, crisântemos também brancos, orquídeas, angélicas. Mulher vaidosa, geralmente se veste de azul, como o mar (E o mar não parece uma extensão do vestido de Iemanjá?). Às vezes aparece como sereia, e a coisa mais linda é vê-la penteando os cabelos à luz da lua ou de algum farol.

Os filhos lhe fazem festa com seus pratos preferidos: arroz, canjica, camarão, peixe. De sobremesa, gosta de mamão, mas não dispensa um bom manjar, afinal festa é festa!

Assim é Iemanjá, essa mãe.

***

Nanã é a avó a quem tomos tomam a bênção. É a matriarca doce e firme que protege filhos e netos. Velhinha bastante animada, adora dançar, com seus passos lentos. Como seu ritmo é mais suave, Nanã gosta de viver mais recolhida, onde houver águas paradas, em águas profundas, nos lagos e nos pântanos, por exemplo. Também pode ser vista passeando nos cemitérios, como a lembrar a todos nós que nossos corpos um dia vão se juntar a terra, ao pó, à lama.

Carrega sempre consigo o ibiri, uma espécie de feixe de ramos de folhas de palmeiras, com a ponta recurvada e enfeitado com búzios. Com ele nos braços, como a embalar um bebê, Nanã faz sua coreografia, em especial na chuva e na garoa: é uma avozinha radical!

Anda sempre arrumadinha, alinhada, não gosta de sujeira ou bagunça. Sua cor preferida é o roxo, ou mesmo o lilás. Gosta muito de receber flores com essas cores. Não dispensa um bom prato: aberum (milho torrado e pilado), feijão-preto com purê de batata-doce e, de sobremesa, mungunzá (canjica).

Os mais velhos contam que, quando recebeu ordens de Olorum (Deus Supremo) para criar o homem, Oxalá (Pai Maior dos Orixás) se utilizou, sem sucesso, de várias matérias-primas. Tentou o ar, mas o homem se desfez rapidamente. Experimentou a madeira, mas o homem ficou muito duro. O mesmo, e com mais intensidade, aconteceu com a pedra. Com o fogo, nada feito, pois o homem se consumiu. Oxalá tentou outros elementos, como água e azeite. Nada funcionava. Então Nanã, com seu ibiri, apontou para o fundo do lago e de lá retirou a lama que entregou a Oxalá para ele fazer o homem. Deu certo: o homem foi modelado de barro e, com o sopro de Olorum, ganhou vida. Por isso, quando morre, o corpo físico do ser humano retorna a terra de onde veio por empréstimo de Nanã, aquela que passeia pelos cemitérios.

Assim é Nanã, essa matriarca.

Enquanto a escritora lia os manuscritos, uma Erezinha sorridente energizava-lhe o chacra cardíaco, *enquanto um Preto-Velho encarregava-se do chacra coronário. Ao lado, uma Cabocla auxiliava a escritora a organizar os pensamentos, intuindo-lhe caminhos para as informações pesquisadas, selecionadas e formatizadas, visto não se tratar de psicografia propriamente dita.*

Com o coração acalmado pela Erezinha e a mente mais aberta à sintonia pela ação do Preto-Velho, a escritora estava mais receptiva às informações. Vários Erês brincavam em outros cômodos da casa, favorecendo a energização positiva do lar, enquanto à porta da casa e no entorno do imóvel, Guardiões, Caboclos e alguns Boiadeiros organizavam-se numa barreira energética estratégica para evitar a entrada de zombeteiros que pudessem atrapalhar o trabalho da jovem.

– Trabalho muito bem orquestrado pela Espiritualidade. Com todo respeito a opiniões contrárias, pena daqueles que se opõem à produção da jovem escritora não terem acesso ao magnífico quadro que o senhor me proporciona observar.

– Alguns até tiveram, Miguel, mas, despertos na carne, continuaram adormecidos ao lindo trabalho da jovem. Um de seus maiores oposicionistas, irmã-de-santo, filha da mesma casa de Umbanda que ela, observará, em desdobramento, o dia em que ela escreverá sobre Iansã. Será que seu coração se enternecerá ou continuará endurecido, pautado pela vaidade, supostamente com o intuito de proteger os valores da fé?

– Entendo, eu já me deparei com muitas dessas posturas no movimento umbandista. Os irmãos desconsideram que a arte, a culinária, as ações sociais e outras tantas iniciativas são caminhos que fortalecem o respeito, o reconhecimento, o diálogo inter-religioso e contribuem para que ao menos diminua o preconceito. No caso da jovem escritora, pelo que entendo, só faltam alguns irmãos acusarem-na de herege!

– Em pensamento e sentimento, já o fizeram, e muitas vezes, Miguel.

– Fico feliz de vê-la prosseguindo, e de maneira amorosa, ainda que, em alguns momentos, insegura, o que é normal, é do ser humano.

– Quando o livro for publicado, Miguel, você terá a oportunidade de auxiliar sua autora, ajudando-a a se aproximar das crianças de terreiros de Candomblé e Umbanda, bem como dos pequenos alunos de escolas públicas e particulares e de seus professores, em especial os de Arte e História.

– Estou muito curioso para conhecer o texto sobre Iansã e ver as ilustrações.

– Assim que ficarem prontos e... impressos. Não mais em desdobramento. Esta lição, nós já concluímos. E também o trabalho de hoje.

– Então, é hora de esta criança ir para a cama. Ou melhor, voltar para o corpo, que está na cama, provavelmente roncando.

Com a cumplicidade de sempre, meu Mentor e eu sorrimos e nos abraçamos.

9

Diálogo

– Miguel, o tema de hoje é bastante polêmico. Talvez por isso demande o máximo de compaixão, oitiva e diálogo. Você sabe que, no Candomblé, há casas que cortam pouco e até mesmo algumas que não cortam, mas se utilizam do elemento carne em ceias comunais e oferendas, no que se chama popularmente de Ketu frio, em contraposição ao Ketu quente. Há casas que cortam pouco e algumas poucas nem cortam.

– Sim, não conheço tanto a diversidade do Candomblé, mas tenho aprendido com nossos irmãos. Sobre casas que não cortam, encontrei diversos candomblecistas que sustentam teologicamente essa prática, inclusive em publicações, mas nunca me aprofundei. Da mesma forma, é bom lembrar, há casas de Umbanda ditas "cruzadas" que praticam o corte.

– Exato. Em nosso estudo, não nos cabe questionar fundamentos e como eles dialogam com a Espiritualidade e suas egrégoras. Nosso objetivo é fomentar o diálogo, o respeito à diversidade (O que não significa chancelar a chamada "marmotagem".), a seriedade na prática espiritual e o respeito. Uma ialorixá, há cerca de vinte anos, pouco a pouco, aboliu o corte como fundamento de seu Ilê, adaptando os elementos de conexão com a Espiritualidade. Fez isso e foi criticada apenas por poucos. Recentemente, seu Ilê tem sido destaque na mídia e ela passou a receber convites para palestras, publicações etc. Como a maior parte das críticas tem advindo dos próprios candomblecistas, ao longo do tempo, ela tem se aproximado mais da Umbanda. Em breve, ela deverá procurar você por meios eletrônicos. Meses depois, estará no estado em que você reside. Creio que – e, repito, não estou questionando o trabalho dela – seria importante você acolhê-la e, mais do que ser um seu interlocutor umbandista, talvez você consiga reaproximá-la de determinados setores do Candomblé, pois, de modo geral e respeitadas as diferenças, as religiões de matriz africana, juntas, devem estar em harmonia com os outros segmentos religiosos, de modo a promover a paz. Com fissuras, certamente isso fica mais difícil para religiões já tão discriminadas.

– Será que dou conta dessa tarefa? É tudo muito novo e exige muita responsabilidade...

– Confie em você, Miguel, pois a Espiritualidade confia.

Meu Mentor abriu uma tela etérea na qual aparecia um programa de televisão em que a apresentadora entrevistava a ialorixá:

Candomblé Vegetariano é Candomblé. Não é dissidência, mas sim uma maneira de conectar-se com as energias dos Orixás. Não há casas em que se corta menos, situações em que não se corta? Pois bem, paulatinamente adaptei os fundamentos à prática vegetariana, não criei uma nova religião.

Candomblé Vegetariano é Candomblé. E toda festa de santo é celebração. Todo iniciado é "do Santo". Não há casas em que fundamentos diferem? Não há nações com práticas diferenciadas? Ninguém aprisiona as energias, ninguém aprisiona os Orixás.

Na vivência espiritual nem sempre se respeita a diversidade, o diálogo. Mestre Jesus, grande avatar deste planeta, quando informado pelos discípulos de que havia curadores usando seu nome sem pertencerem a seu grupo, respondeu que aquele que não estava contra Ele, estava com Ele (O texto é do Evangelho de Lucas, capítulo 9, versículos 49 e 50.). No caso do Reiki, por exemplo, técnica com a qual trabalho, há diversas tradições e práticas divergentes, mas é a mesma Energia. Há

Diálogo **107**

reikianos que sugerem, baseados na observação e em sua experiência, não aplicar Reiki em situações de anestesia, outros que comprovaram não ser isso necessário e aqueles, como eu, que consideram cada situação, cada organismo (humano ou animal). Existem mestres que fazem iniciações à distância, com crianças, animais e plantas, baseados em fundamentos do próprio Reiki e no trabalho de diversos mestres internacionalmente respeitados. Outros não trabalham a Energia dessa maneira. Particularmente, procuro entender a fundamentação, observar se não há excessos, inconvenientes, respeitar a prática alheia e fazer o que meu coração, as necessidades e urgências, solicitam, com responsabilidade, e sem culpa. O que não pode acontecer, ainda tendo o Reiki como exemplo, é achar que o "meu" Reiki é melhor do que o Reiki "do outro".

– Perceba, Miguel, que ela não detrata o Candomblé "tradicional", o que fica ainda mais evidente numa palestra que ela ministrou no auditório de uma universidade, cujo público era formado principalmente por candomblecistas e vegetarianos.

Na tela etérea, a ialorixá falava numa tribuna, no palco, para um auditório lotado:

Nos rituais, o corte no Candomblé está associado à ceia comunal: come o Orixá e comem fiéis e convidados do mesmo prato. A base desse fundamento é a utilização do sangue (ejé, menga, axorô) para a movimentação do Axé, o que, aliás, não ocorre apenas em situações de ceia comunal, mas também em ebós, quando apenas os Orixás ou entidades comem.

Dialética e dialogicamente, quanto mais vivencio o Candomblé Vegetariano, mais aprendo a respeitar o fundamento do corte. É natural que o Candomblé Vegetariano atraia vegetarianos, pessoas e entidades que trabalham com resgate e direitos de animais, contudo isso não nos confere o direito de discriminar irmãos de Santo, terreiros etc. Prática plural e geralmente inclusiva, o Candomblé, em sua vertente vegetariana, não atrai apenas os que não comem carne ou que não trabalhem o corte como fundamento: as portas estão sempre abertas para todos.

Convém lembrar que sacrifícios e oferendas sempre fizeram parte da relação entre o humano e o divino, seja literal (Judaísmo Antigo, Candomblé etc.) ou simbólico (Missa e outras formas de culto). Nesse contexto, a presença do sangue é fundamental. Além dos sacrifícios propriamente ditos, há mundo afora diversos rituais em que se derrama o próprio sangue, como a autoflagelação, a Dança do Sol entre povos indígenas dos Estados Unidos e o hábito de utilizar gotas do próprio sangue para impregnar objetos rituais como runas fabricadas artesanalmente para uso próprio. Se os dois primeiros exemplos podem ser considerados por muitos literalmente sangrentos, ambos devem ser analisados no contexto social, psicológico e religioso em que se manifestam, a fim de a autoflagelação não ser reduzida a uma prática masoquista e de culpabilização (seja nas Filipinas ou no cotidiano da Opus Dei), ao mesmo tempo em que, quando muito, se aceita a Dança do Sol como forma de interação com o cosmo e de preservação da cultura nativa. Pretendo aqui ampliar o diálogo e jamais pontificar o "certo" ou o "errado" na vivência espiritual de cada um ou de determinada coletividade.

A diversidade de culto e a liturgia no Candomblé não se restringem apenas às particularidades e aos fundamentos de cada nação ou de cada casa, uma vez que o culto aos Orixás também representa uma experiência pessoal, não restrita ao terreiro. O Candomblé Vegetariano vem somar-se a essa diversidade.

– Percebo que ela está aberta ao diálogo, não pretende impor nada a ninguém. Assim, acredito, que, apesar das resistências, fica mais fácil de todos caminharmos juntos, principalmente a ialorixá e os irmãos candomblecistas, mesmo os que resistem às adaptações de fundamentos.

– Por estes dias, Miguel, será publicada uma matéria com uma síntese da biografia da ialorixá. Seja por meio eletrônico ou por mídia impressa, o texto chegará a suas mãos. Daqui a alguns meses, a ialorixá palestrará no estado em que você reside e vai procurá-lo. Observe um trecho da matéria do jornal.

Na tela etérea apareceu o monitor de um notebook onde pude ler:

A atitude da ialorixá é símbolo de sua coerência interna. Uma vez que se questionava a respeito do corte no Candomblé, buscou conciliar suas inquietudes com os fundamentos da religião, do culto. Some-se a isso o fato de, no Sri Lanka, ter se iniciado em Krishna e Shiva, cujos cultos são vegetarianos. Extremamente interessante o fato de seu pai carnal ter sido Axogum, isto é, Ogã de corte no Candomblé. Iniciada no Candomblé Ketu, com o falecimento de seu Pai-de-santo, alguns anos depois, entrou para a nação Angola, com um Pai-de-santo da família da Goméia. Tal diversidade se reflete em seu Ilê em muitos aspectos, inclusive na liturgia, quando se canta em iorubá, em "angola" e em português.

Diálogo

O diálogo ecumênico e inter-religioso gera experiências dialógicas fascinantes. Se a ialorixá, experiente, iniciou-se em Krishna e Shiva, há diversos sacerdotes católicos (de diversas igrejas) ligados à Maçonaria, à Gnose, à Teosofia, estudiosos de Numerologia e de outros oráculos. Leadbeater, por exemplo, bispo anglicano e um dos fundadores da Igreja Católica Liberal, era iniciado no Budismo. Há vários padres iniciados no Candomblé e tenho conhecido outros tantos. A própria ialorixá tinha um filho-de-santo seu, já falecido, sacerdote católico iniciado, com todas as obrigações. Filho de Oxóssi, veio a falecer numa região de conflitos agrários. A ética do coração, a coerência, a diversidade e o desejo de diálogo certamente conduzem tais experiências.

Se o Candomblé trabalha energias, isso abre espaço tanto para atitudes éticas quanto antiéticas. Em outras palavras, são conhecidas as verdadeiras guerras espirituais promovidas por babalorixás, ialorixás e outros membros da religião. Com a ialorixá e em seu Ilê, a exemplo do que ocorre na maioria dos terreiros de religiões de matriz africanas país afora, só se trabalha para a luz, de maneira ética e de modo a respeitar-se o livre-arbítrio.

A compreensão da ialorixá sobre a teologia do Candomblé, independentemente da vertente vegetariana, permite a si e a seus filhos decodificar o simbólico e o real, isto é, conjugar o pensamento analógico e o lógico. Certamente isso facilita o diálogo ecumênico e inter-religioso, num mundo em que ainda se vive e se morre pela confusão entre letra e espírito, seja na interpretação de textos escritos, seja na reconstrução das tradições orais.

Com identidade própria – Candomblé – e com uma nova vertente – Vegetarianismo –, tanto a ialorixá quanto seu Ilê abrem-se para a convivência fraterna com irmãos das mais diferentes denominações, bem como a ateus e agnósticos. Não apenas o respeito e a tolerância caracterizam tal convivência, mas o diálogo, a troca, o questionamento.

A ialorixá é também terapeuta holística, trabalhando com diversas técnicas, dentre elas Acupuntura, Aromaterapia, Auriculoterapia, Cristais, Cromoterapia, Fitoterapia, Florais, Geoterapia, Massagens diversas, Moxabustão, Nutrição Vegetariana, Reiki e outras.

Meu Mentor, com um toque suave, fechou a tela etérea.

– Achei interessante, repito, a ialorixá dialogar abertamente com os irmãos que praticam o corte. Isso vale tanto para o Candomblé como para as casas de Umbanda ditas cruzadas. Respeito é fundamental.

– Como você bem sabe, Miguel, não existe guerra santa. Existem guerras. É muito importante vocês dialogarem, pois, "do lado de cá", a Espiritualidade, os mentores, os Orixás da ialorixá têm velado por ela e equilibrado seu caminho. Não é procedente, ao menos ainda, os encarnados entrarem no mérito mais profundo dos fundamentos ou contestar a pureza de intenções da ialorixá, afirmando que tudo não passa de ego inflado. Por ora, o importante é o diálogo.

– A questão do corte é sempre polêmica e me sinto à vontade para falar sobre ela porque, como umbandista e dirigente espiritual, nunca o pratiquei. O preconceito é muito grande. Se a crítica vier de um vegetariano, eu até entendo, porém, de setores da sociedade que consomem carne, como compreender? Aliás, os animais, numa casa de Candomblé, são criados com muito mais respeito e dignidade do que em muitas fazendas. Há, inclusive, terreiros de Candomblé com amigos, filhos e até dirigentes espirituais veterinários, para garantir o bem estar dos animais, os quais, aliás, no corte, não podem e não devem sofrer.

– O assunto traz vários desdobramentos, Miguel. Entender e respeitar o outro é um caminho para a convivência pacífica.

Meu Mentor sabe que unir irmãos, aparentemente tão diferentes, contudo tão parecidos, é uma de minhas ocupações primeiras. Há algumas semanas, movido por tristes acontecimentos no estado em que resido, publiquei pequeno artigo na capital.

JUNTOS, SOMOS MAIS FORTES

É fato que as Religiões de Matriz Africana são alvo de preconceito, discriminação e intolerância, em vários níveis, por grande parte da sociedade. Contudo, o que mais fere e enfraquece é a desunião entre irmãos.

Enquanto umbandistas pensarem e declararem "Eu não gosto do Candomblé!" ou "Se o pessoal do Candomblé for, eu não vou..."; enquanto candomblecistas acreditarem e afirmarem "A Umbanda é fraquinha..." ou "Essas umbandinhas que estão por aí...", dificilmente caminharemos juntos sob o manto branco de Oxalá.

Dias desses ouvi alguém dizendo a um irmão de outra casa: "Embora não seja a forma de sincretismo como o Orixá é tratado em nossa casa, gostaria de parabenizar etc...". Ora, como posso ir ao encontro de um irmão iniciando meu gesto com um "embora" ou um "apesar de"? Onde está o respeito à diversidade? Essa inconsciência me lembrou da fala de um amigo reverendo anglicano, que comentava o quanto é triste ver irmãos católicos romanos presentes em ordenações de reverendas anglicanas negando-se a participar da mesa da comunhão.

Aceitar e respeitar a diversidade não significa perder a identidade.

Umbandistas e candomblecistas, se vivenciarmos o respeito entre nós, o amor e o diálogo cidadão e legal (em todos os sentidos) certamente se propagarão em outras esferas.

Juntos, somos mais fortes.

Axé!

– Costumo sempre dizer que diferenças não precisam ser divergências.

– E tem razão. – Respondeu, sorrindo, meu Mentor, encerrando o encontro daquela noite.

Ponto de Zé Pelintra

Seu Zé Pelintra, onde é que o senhor mora?

Seu Zé Pelintra, onde é sua morada?

Eu não posso lhe dizer

Porque você não vai me compreender

Eu nasci no Juremá

Minha morada é bem pertinho de Oxalá.

10

A Palestra

– Miguel, hoje vou levá-lo a uma palestra da qual eu sei que você vai gostar muito. Será breve e profunda.

– Quem será o palestrante?

– Será uma surpresa...

– A vida é cheia de surpresas. Até o meu Mentor agora resolveu me fazer uma...

Rimos e nos dirigimos a um amplo auditório, onde fomos recebidos por uma jovem senhora que nos informou de que a palestra já teria início. Sentamo-nos, em silêncio, meu Mentor e eu no fundo do auditório, nos últimos dois lugares disponíveis. À tribuna assomou uma figura conhecida, um negro esbelto de terno e chapéu brancos, gravata vermelha e um lenço da mesma cor no bolso do paletó, à mão, um chapéu branco com uma fita vermelha em volta. Seu Zé Pelintra. Meu coração acelerou. Meu Mentor sabe o quanto tenho carinho e gratidão por Seu Zé, a quem chamo carinhosamente de "meu advogado". Muitos dos filhos de minha casa trabalham com Seu Zé, o que me alegra. O Seu Zé que iria falar certamente seria chefe de falange. Meu Mentor piscou para mim, como a pedir que eu acalmasse os pensamentos.

"– Boa noite a todos os que aqui estão, entre desencarnados como o Seu Zé e aqueles que deixaram o corpo descansando no leito. Espero que todos estejam bem. Que Oxalá ilumine seus caminhos e o Senhor do Bonfim lhes traga alegria.

Seu Zé está aqui hoje para, com breves palavras, contribuir com uma reflexão a respeito da fraternidade. Não vou tomar o tempo de vocês, pois, assim como Seu Zé tem muito serviço, embora digam por aí que Baiano não trabalha, sei que vocês têm outros afazeres, dos quais vieram ou para os quais ainda vão.

Seu Zé tem visto em vários terreiros visitados que a fraternidade parece artigo de luxo nas casas de Umbanda. O que tem acontecido? Outro dia tive de segurar um Corisco, que quase deu o popular couro num médium que afrontou publicamente a dirigente espiritual, acusando-a de sumir com o dinheiro arrecadado para a festa de Oxóssi numa linda mata, fora da cidade. Seu Zé deveria ter deixado Corisco agir, pois couro não mata ninguém, como todos sabem: é um choque energético que desperta o médium para a verdade da qual tem se alienado, no caso em questão, um choque de verdade onde a mentira e a maledicência estavam reinando. Dez anos de casa, vendo a dirigente espiritual pagar do próprio bolso o montante maior de todas as festas, e o médium a acusa porque houve uma pequena diferença, um erro de cálculo porque a dirigente havia repassado parte do dinheiro para uma filha de Santo comprar velas e se esqueceu de avisar o médium boquirroto.

Seu Zé ficou muito entristecido com essa atitude e com tantas outras que tenho acompanhado, ou pessoalmente ou por meio de minha falange. Tantos querem ver a Umbanda derrubada, zombam de nossos fundamentos, chamam Exu de demônio, e a cizânia, a discórdia começando em nosso próprio solo, onde os Orixás pisam incorporados? É ridículo!

Evidentemente as pessoas que deveriam ouvir isso não estão aqui, hoje. Cada qual, em desdobramento (ao menos os que estavam preparados para) está com seu Baiano, com sua Baiana, ouvindo uma reprimenda, um bom conselho, sendo chamado à razão. Tivessem vindo aqui e Seu Zé teria de segurar Corisco, Maria

Bonita, Severino, Domingos, Zóio Furado e tantos outros, da Linha da Bahia, da Linha do Cangaço, que, em vez de utilizar suas peixeiras para cortar demandas, estão prontos para cortar as línguas de médiuns maledicentes e fofoqueiros, cada dia mais comuns nos templos umbandistas.

Por isso, Seu Zé pede aos dirigentes aqui presentes, bem como aos médiuns de segurança e apoio da casa, de confiança e responsabilidade, que marquem reuniões onde as pessoas possam se expressar respeitosamente, dirimindo dúvidas, pondo tudo no papel, registrando, fazendo cada um assinar as atas de reunião, que Seu Zé quer ver quem vai ter o topete de contestar o escrito.

Seu Zé, quando encarnado, nunca precisou botar nada no papel. A palavra bastava, era a garantia, o fiel, o testamento de um homem de bem. Mas os tempos são outros. Mantenham a documentação das casas em dia, a começar pelas atas de reunião. Isso poderá não resolver os problemas, mas certamente poupará muito trabalho a vocês e ao Seu Zé. Mantenham o livro de frequência atualizado, para que nenhum médium diga que não recebeu o recado, que não opinou sobre alguma decisão, ou que não foi avisado de algo.

Estamos conversados? No que precisarem, contem sempre com Zé Pelintra, com a Linha da Bahia, com

*a Linha do Cangaço. Como diz um Ponto de Baiano:
"Eu não vim trazer demanda, nem demanda eu vou
levar.". Mantenham a cabeça firme e que o Senhor do
Bonfim abençoe a todos.*

Fiquem na fé de Oxalá, que Seu Zé vai na fé d'Ele!"

Espontaneamente, todos nos levantamos e começamos a aplaudir Seu Zé Pelintra. Do fundo do auditório, extremamente feliz, como uma criança, com toda a força da voz, comecei a puxar um ponto de Zé Pelintra, no que fui acompanhado por todos os presentes:

Eu me chamo Zé Pelintra
Negro do pé esparramado

Eu me chamo Zé Pelintra
Negro do pé esparramado

Na Direita ou na Esquerda
Seu serviço é aprovado

Na Direita ou na Esquerda
Seu serviço é aprovado

Quando terminamos o ponto, lá da frente Seu Zé respondeu:

"– Miguel, eu não sei por que todo mundo se incomoda com os pés do Seu Zé, que não têm nada de esparramados. Os pés do Seu Zé são muito bem desenhados. Essa história toda deve ser porque antigamente os negros pobres, escravos ou descendentes, andavam descalços, deformavam os pés e não conseguiam calçar os sapatos quando acabavam conhecendo-os. Mas esse tempo já passou e Seu Zé caminha muito bem, é verdade, tanto na Direita como na Esquerda.

Oxalá os abençoe!"

Com o coração renovado, tendo Seu Zé deixado o auditório, a jovem senhora que nos recebera entoou uma prece de agradecimento e o Hino da Umbanda, cantado por todos, em uníssono.

Meu Mentor me deu um forte abraço de despedida. No plano terreno, o despertador de meu celular não tardaria a saudar o novo dia.

Umbanda é coisa séria para gente séria!

(Caboclo Mirim)

Epílogo

Têm sido tantos os encontros guiados por meu Mentor, estando eu em desdobramento, que seria necessária uma vida para narrar em detalhes todo o aprendizado que tem sido proporcionado a mim. Obviamente, isso não é nenhum privilégio, pois, durante o sono, em maior ou menor grau, todos partimos em excursões de aprendizado, trabalho, reencontros etc., sejam eles voltados e guiados pelo Amor ou pelas energias deletérias.

Como afirmei na introdução, optei por reunir aqui relatos que falassem de dificuldades (pedras) e de como as mesmas foram ou não sanadas. Pela Lei de Evolução, as que não foram sanadas, com o tempo e as experiências, tomarão novos rumos.

Para mim, a Umbanda tem sido o caminho de identificação pessoal com a Espiritualidade e com o sagrado, os quais estão em toda parte. Costumo dizer que as religiões, filosofias espiritualistas e outros tantos canais são línguas diferentes com as quais nos comunicamos com um Ser Primeiro, poliglota e que procura comunicar-se com toda a criação. A Umbanda é a língua que eu falo, o que não me impede de aprender outros idiomas para me comunicar melhor com meus irmãos.

Tivesse eu nascido em outro lugar, em outra época, seria umbandista? Conforme as circunstâncias, não. Por isso não viveria riquíssimas experiências espirituais?

Algo que muito me encanta na Umbanda é o respeito à diversidade. Se um filho advém de uma formação católica e vê Nosso Senhor Jesus Cristo como a segunda pessoa da Santíssima Trindade, ou se vem de formação espírita e compreende Jesus como o médium mais evoluído que passou por este planeta, ambos podem conviver harmoniosamente num terreiro, com suas convicções próprias, trabalhando pela caridade e dialogando com os aspectos da Teologia de Umbanda, sem sobressaltos.

A tônica da Umbanda é a caridade, e isso nos leva a buscar amar ao próximo como ele é, e não como gostaríamos que fosse. É um desafio constante. Para nós, dirigentes espirituais, humanos, falhos e aprendizes como todos, isso também significa assumir a paternidade ou a maternidade de filhos que nos chegam, porque as portas estão abertas e essa é a nossa missão. Por esse motivo, fiquei ainda mais atento as minhas posturas e atitudes quando meu Mentor me deu a oportunidade de conhecer a história do dirigente espiritual que se distanciava cada vez mais de um filho tão amoroso para com ele (7 – "Autoritarismo"). Fiquei muito emocionado com a atitude do filho-de-santo, de verdadeiro amor desprendido, conforme os ensinamentos do Mestre Jesus. Não apenas essa história, mas todas, me levaram a rever posturas, ideias, intenções. Como diz célebre citação latina, *De te fabula narratur.* (em tradução livre, "A fábula trata de você."). Para mim, de fato, cada história trata de aspectos luz e sombra da minha alma.

Os benefícios da reencarnação não se esgotam. A Espiritualidade me deu a conhecer (e meu Mentor me autorizou a comentar) que, numa de minhas encarnações, liderei um grupo de perseguição e extermínio aos que, segundo os ditames da época, não se comportavam de acordo com a ortodoxia religiosa vigente. Conheci alguns de meus atos, uma pequenina ponta do iceberg. Graças à bênção do esquecimento na carne, hoje não me preocupo com isso, mas me ocupo, como umbandista, dirigente espiritual e líder do movimento umbandista, em promover o respeito às religiões de matriz africana, de modo geral, e à Umbanda, em particular, assim como o diálogo ecumênico e inter-religioso.

Epílogo

A respeito da reencarnação, aliás, conta-se que José do Patrocínio, advogado brasileiro negro, vivia revoltado com a escravidão. Foi, então, a um centro espírita e fez diversas perguntas a uma entidade espiritual, que lhe sugeriu ir à biblioteca e consultar determinado livro. Assim o fez José do Patrocínio, mas, para sua surpresa, o livro fora escrito por um alemão, que embasava a escravidão afirmando que os negros eram inferiores aos europeus. Patrocínio, na sessão espírita seguinte, indagou da mesma entidade sobre o porquê de lhe haver indicado aquele livro, ao que a entidade lhe respondeu que o autor alemão nada mais era do que o próprio Patrocínio, em outra encarnação, que havia nascido como negro no século XX, no Brasil escravocrata, para conhecer de perto e compreender o sofrimento do povo negro e auxiliá-lo, o que Patrocínio fez, como célebre abolicionista.

Agradeço sobremaneira a Deus e à minha Banda, em especial ao meu Mentor, pela oportunidade de, reencarnado, quitar débitos anteriores, melhorar-me, evoluir, viver plenamente as luzes e sombras. Quanto mais me aproximo do espiritual, mais me sinto humano, percebo a importância do estar aqui e agora, de ter um corpo, alimentar-me, amar, viver decepções, aprender, trabalhar com os quatro elementos, enfrentar batalhas espirituais com as armas do amor, da vigilância e do perdão para que as energias deletérias percam suas forças.

Dentro das limitações de cada um, pode-se e deve-se construir ambientes mais saudáveis. Perdoar sempre, conviver quando possível, pois, mesmo que seja mais adiante, sempre estaremos de mãos dadas, em roda, num grande círculo, dançando no mesmo ritmo, mas cada qual com seus passos.

Amar e orar pelos que nos fazem mal, como ensina o Mestre Jesus, é um ótimo caminho para se evitar ser atingido por energias negativas, principalmente aquelas que cada um cria em seu íntimo. Conta-se que o médium Chico Xavier estava sendo atormentado por um espírito de aparência grotesca. Em vez de se irritar, Chico lhe disse: "Você é tão forte, poderia nos ajudar a guardar o ambiente.". O espírito, desarmado, respondeu: "Você não tem jeito, Chico!", e foi embora.

Com o cheiro bom das ervas da Jurema, com o frescor das águas cristalinas, a força purificadora do fogo e a segurança do solo firme, agradeço a você, leitor(a) amigo(a), desejando-lhe as melhores vibrações de Deus, dos Orixás, Guias e Guardiões.

Saravá!

Axé!

Seu irmão,

Miguel
(Pai Miguel – sacerdote umbandista)

Fontes de Consulta

Livros

AFLALO, Fred. *Candomblé: uma visão do mundo*. São Paulo: Mandarim, 1996. 2 ed.

BARBOSA JÚNIOR, Ademir. *A Bandeira de Oxalá – pelos caminhos da Umbanda*. São Paulo: Nova Senda, 2013.

_____. *Curso essencial de Umbanda*. São Paulo: Universo dos Livros, 2011.

_____. *O essencial do Candomblé*. São Paulo: Universo dos Livros, 2011.

_____. *Guia prático de plantas medicinais*. São Paulo: Universo dos Livros, 2005.

_____. *Mitologia dos Orixás: lições e aprendizados*. São Bernardo do Campo: Anúbis, 2014.

_____. *Nanã*. São Bernardo do Campo: Anúbis, 2014.

_____. *Novo Dicionário de Umbanda*. São Paulo: Nova Senda, 2014.

_____. *Obaluaê*. São Bernardo do Campo: Anúbis, 2014.

_____. *Oxumaré*. São Bernardo do Campo: Anúbis, 2014.

_____. *Para conhecer a Umbanda*. São Paulo: Universo dos Livros, 2013.

_____. *Para conhecer o Candomblé*. São Paulo: Universo dos Livros, 2013.

_____. *Reiki: A Energia do Amor*. São Paulo: Nova Senda, 2014.

_____. *Transforme sua vida com a Numerologia*. São Paulo: Universo dos Livros, 2006.

_____. *Umbanda – um caminho para a Espiritualidade*. São Bernardo do Campo: Anúbis, 2014.

_____. *Xangô*. São Paulo: Universo dos Livros, 2013.

_____. *Xirê: orikais – canto de amor aos orixás*. Piracicaba: Editora Sotaque Limão Doce, 2010.

BARCELLOS, Mario Cesar. *Os Orixás e a personalidade humana*. Rio de Janeiro: Pallas, 2007. 4 ed.

BORDA, Inivio da Silva et al. (org.). *Apostila de Umbanda*. São Vicente: Cantinho dos Orixás, s/d.

CABOCLO OGUM DA LUZ (Espírito). *Ilê Axé Umbanda*. São Bernardo do Campo: Anúbis, 2011. Psicografado por Evandro Mendonça.

CACCIATORE, Olga Gudolle. *Dicionário de Cultos Afro-brasileiros*. Rio de Janeiro: Forense Universitária, 1977.

CAMARGO, Adriano. *Rituais com ervas: banhos, defumações e benzimentos*. Rio de Janeiro: Livre Expressão, 2013. 2 ed.

CAMPOS JR., João de. *As religiões afro-brasileiras: diálogo possível com o cristianismo*. São Paulo: Editora Salesiana Dom Bosco, 1998.

CARYBÉ. *Iconografia dos deuses africanos no Candomblé da Bahia*. São Paulo: Editora Raízes, 1980. (Com textos de Jorge Amado, Pierre Verger e Valdeloir Rego.)

CHEVALIER, Jean e GHEERBRANT, Alain (orgs.). *Dicionário de símbolos*. Rio de Janeiro: José Olympio, 2008. Tradução: Vera da Costa e Silva et al. 22 ed.

CIPRIANO DO CRUZEIRO DAS ALMAS (Espírito). *O Preto Velho Mago: conduzindo uma jornada evolutiva*. São Paulo: Madras, 2014. Psicografado por André Cozta.

CONGO, Pai Thomé do (Espírito). *Relatos umbandistas*. São Paulo: Madras, 2013. Anotações por André Cozta.)

CORRAL, Janaína Azevedo. *As Sete Linhas da Umbanda*. São Paulo: Universo dos Livros, 2010.

_____. *Tudo o que você precisa saber sobre Umbanda* (volumes 1, 2 e 3). São Paulo: Universo dos Livros, 2010.

FAUR, Mirella. *Mistérios nórdicos: deuses, runas, magias, rituais*. São Paulo: Pensamento, 2007.

FERAUDY, Roger. (Obra mediúnica orientada por Babajiananda/Pai Tomé.) *Umbanda, essa desconhecida*. Limeira: Editora do Conhecimento, 2006. 5 ed.

D´IANSÃ, Eulina. *Reza forte*. Rio de Janeiro: Pallas, 2008. 4 ed.

LEONEL (Espírito) e Mônica de Castro (médium). *Jurema das Matas*. São Paulo: Vida & Consciência, 2011.

LIMAS, Luís Filipe de. *Oxum: a mãe da água doce*. Rio de Janeiro: Pallas, 2007.

LINARES, Ronaldo (org.). *Iniciação à Umbanda*. São Paulo: Madras, 2008.

_____. *Jogo de Búzios*. São Paulo: Madras, 2007.

LOPES, Nei. *Enciclopédia brasileira da Diáspora Africana*. São Paulo: Selo Negro, 2004.

LOURENÇO, Eduardo Augusto. *Pineal, a glândula da vida espiritual – as novas descobertas científicas*. Limeira: Editora do Conhecimento, 2010.

MAGGIE, Yvonne. *Guerra de Orixá: um estudo de ritual e conflito*. Rio de Janeiro: Jorge Zahar Editor, 2001. 3 ed.

MALOSSINI, Andrea. *Dizionario dei Santi Patroni*. Milano: Garzanti, 1995.

MARTÍ, Agenor. *Meus oráculos divinos: revelações de uma sibila afrocubana*. Rio de Janeiro: Bertrand Brasil, 1994. (Tradução de Rosemary Moraes.)

MARTINS, Cléo. *Euá*. Rio de Janeiro: Pallas, 2001.

_____. *Nanã*. Rio de Janeiro: Pallas, 2001.

MARTINS, Giovani. *Umbanda de Almas e Angola*. São Paulo: Ícone, 2011.

_____. *Umbanda e Meio Ambiente*. São Paulo: Ícone, 2014.

MARSICANO, Alberto e VIEIRA, Lurdes de Campos. *A Linha do Oriente na Umbanda*. São Paulo: Madras, 2009.

MOURA, Carlos Eugênio M. de (org). *Candomblé: religião do corpo e da alma*. Rio de Janeiro: Pallas, 2000.

_____. *Culto aos Orixás, Voduns e Ancestrais nas Religiões Afro-brasileiras*. Rio de Janeiro: Pallas, 2006.

MUNANGA, Kabengelê e GOMES, Nilma Lino. *Para entender o negro no Brasil de hoje: história, realidades, problemas e caminhos*. São Paulo: Global: Ação Educativa Assessoria, Pesquisa e Informação, 2004.

NAPOLEÃO, Eduardo. *Yorùbá – para entender a linguagem dos orixás*. Rio de Janeiro: Pallas, 2010.

NASCIMENTO, Elídio Mendes do. *Os poderes infinitos da Umbanda*. São Paulo: Rumo, 1993.

NEGRÃO, Lísias. *Entre a cruz e a encruzilhada*. São Paulo: Edusp, 1996.

OMOLUBÁ. *Maria Molambo na sombra e na luz*. São Paulo: Cristális, 2002. 10 ed.

ORPHANAKE, J. Edson. *Os Pretos-Velhos*. São Paulo: Pindorama, 1994.

OXALÁ, Miriam de. *Umbanda: crença, saber e prática*. Rio de Janeiro: Pallas, 2007. 2 ed.

PARANHOS, Roger Bottini (Ditado pelo espírito Hermes.). *Universalismo crístico*. Limeira: Editora do Conhecimento, 2007.

PIACENTE, Joice (médium). *Dama da Noite*. São Paulo: Madras, 2013.

_____. *Sou Exu! Eu sou a Luz*. São Paulo: Madras, 2013.

PINTO, Altair. *Dicionário de Umbanda*. Rio de Janeiro: Livraria Editora Eco, 1971.

PIRES, Edir. *A Missionária*. Capivari: Editora EME, 2006.

PORTUGAL FILHO, Fernandez. *Magias e oferendas afro-brasileiras*. São Paulo: Madras, 2004.

PRANDI, Reginaldo. *Mitologia dos Orixás*. São Paulo: Companhia das Letras, 2001.

RAMATÍS (Espírito) e PEIXOTO, Norberto (médium). *Chama crística*. Limeira: Editora do Conhecimento, 2004. 3 ed.

_____. *Diário mediúnico*. Limeira: Editora do Conhecimento, 2009.

_____. *Evolução no Planeta Azul*. Limeira: Editora do Conhecimento, 2005. 2 ed.

_____. *Mediunidade e sacerdócio*. Limeira: Editora do Conhecimento, 2010.

_____. *A Missão da Umbanda*. Limeira: Editora do Conhecimento, 2006.

_____. *Umbanda de A a Z*. Limeira: Editora do Conhecimento, 2011. (Org.: Sidnei Carvalho.)

_____. *Umbanda pé no chão*. Limeira: Editora do Conhecimento, 2005.

_____. *Vozes de Aruanda*. Limeira: Editora do Conhecimento, 2005. 2 ed.

RIBEIRO, Darcy. *O povo brasileiro: a formação e o sentido do Brasil*. São Paulo: Companhia das Letras, 1995. 2 ed.

RISÉRIO, Antonio. *Oriki Orixá*. São Paulo: Perspectiva, 1996.

RUDANA, Sibyla. *Os mistérios de Sara: o retorno da Deusa pelas mãos dos ciganos*. São Paulo: Cristális, 2004.

SAMS, Jamie. *As cartas do caminho sagrado*. Rio de Janeiro: Rocco, 2003. (Tradução de Fabio Fernandes.)

SALES, Nívio Ramos. *Búzios: a fala dos Orixás*. Rio de Janeiro: Pallas, 2005. 2 ed.

SANTANA, Ernesto (Org.). *Orações umbandistas de todos os tempos*. Rio de Janeiro: Pallas, 2006. 4 ed.

SANTOS, Orlando J. *Orumilá e Exu*. Curitiba, Editora Independente, 1991.

SARACENI, Rubens. *Rituais umbandistas: oferendas, firmezas e assentamentos*. São Paulo: Madras, 2007.

SELJAN, Zora A. O. *Iemanjá: Mãe dos Orixás*. São Paulo: Editora Afro-brasileira, 1973.

SILVA, Carmen Oliveira da. *Memorial Mãe Menininha do Gantois*. Salvador: Ed. Omar G., 2010.

SILVA, Vagner Gonçalves da. *Candomblé e Umbanda: caminhos da devoção brasileira*. São Paulo: Ática, 1994.

SOUZA, Leal de. *O Espiritismo, A Magia e As Sete Linhas de Umbanda*. Limeira: Editora do Conhecimento, 2008. 2 ed.

_____. *Umbanda Sagrada*. São Paulo: Madras, 2006. 3 ed.

SOUZA, Marina de Mello. *África e Brasil Africano*. São Paulo: Ática, 2008.

SOUZA, Ortiz Belo de. *Umbanda na Umbanda*. São Paulo: Editora Portais de Libertação, 2012.

TAQUES, Ivoni Aguiar (Taques de Xangô). *Ilê-Ifé: de onde viemos*. Porto Alegre: Artha, 2008.

TAVARES, Ildásio. *Xangô*. Rio de Janeiro: Pallas, 2002. 2 ed.

VVAA. *Educação Ambiental e a Prática das Religiões de Matriz Africana*. Piracicaba, 2011. (cartilha)

VVAA. *Orientações e Ações para a Educação das Relações Étnico--Raciais*. Brasília: SECAD, 2006.

VVAA. *Plano Nacional de Desenvolvimento Sustentável dos Povos e Comunidades Tradicionais de Matriz Africana 2013 – 2015*. Brasília: Secretaria de Políticas de Promoção da Igualdade Racial, 2013.

VERGER, Pierre. *Orixás – deuses iorubás na África e no Novo Mundo*. Salvador: Corrupio, 2002. (Tradução de Maria Aparecida da Nóbrega.) 6 ed.

WADDELL, Helen (tradução). *Beasts and Saints*. London: Constable and Company Ltd., 1942.

Jornais e revistas

A sabedoria dos Orixás – volume I, s/d.

Folha de São Paulo, 15 de julho de 2011, p. E8.

Jornal de Piracicaba, 23 de janeiro de 2011, p. 03.

Revista Espiritual de Umbanda – número 02, s/d.

Revista Espiritual de Umbanda – Especial 03, s/d.

Revista Espiritual de Umbanda – número 11, s/d.

Sítios na Internet

http://alaketu.com.br

http://aldeiadepedrapreta.blogspot.com

http://answers.yahoo.com

http://apeuumbanda.blogspot.com

http://babaninodeode.blogspot.com

http://catolicaliberal.com.br

http://centropaijoaodeangola.net

http://colegiodeumbanda.com.br

http://comunidadeponteparaaliberdade.blogspot.com.br

http://espaconovohorizonte.blogspot.com.br/p/aumbanda-umbanda-esoterica.html

http://eutratovocecura.blogspot.com.br

http://fogoprateado-matilda.blogspot.com.br

http://umbandadejesus.blogspot.com.br

http://fotolog.terra.com.br/axeolokitiefon

http://jimbarue.com.br

http://juntosnocandomble.blogspot.com

http://letras.com.br

http://luzdivinaespiritual.blogspot.com.br

http://mundoaruanda.com

http://ocandomble.wordpress.com

http://ogumexubaraxoroque.no.comunidades.net

http://okeaparamentos.no.comunidades.net

http://opurgatorio.com

http://orixasol.blogspot.com

http://oyatopeogumja.blogspot.com

http://povodearuanda.blogspot.com

http://povodearuanda.com.br

http://pt.fantasia.wikia.com

http://pt.wikipedia.org

http://religioesafroentrevistas.wordpress.com

http://templodeumbandaogum.no.comunidades.net

http://tuex.forumeiros.com

http://xango.sites.uol.com.br

http://www1.folha.uol.com.br

http://www.brasilescola.com

http://www.desvendandoaumbanda.com.br

http://www.dicio.com.br

http://www.genuinaumbanda.com.br

http://www.guardioesdaluz.com.br

http://www.igrejadesaojorge.com.br

http://www.ileode.com.br

http://www.kakongo.kit.net

http://www.maemartadeoba.com.br

http://www.oldreligion.com.br

http://www.oriaxe.com.br

http://www.orunmila.org.br

http://www.pescanordeste.com.br

http://www.priberam.pt

http://www.religiosidadepopular.uaivip.com.br

http://www.siteamigo.com/religiao

http://www.terreirodavobenedita.com

http://www.tuccaboclobeiramar.com.br

O Autor

Ademir Barbosa Júnior (Dermes) é umbandista, escritor, pesquisador e Pai Pequeno da Tenda de Umbanda Iansã Matamba e Caboclo Jiboia, dirigida por sua esposa, a escritora e blogueira Mãe Karol Souza Barbosa.

Outras publicações

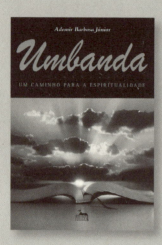

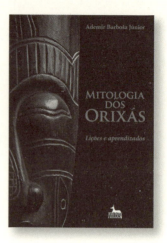

UMBANDA – UM CAMINHO PARA A ESPIRITUALIDADE

Ademir Barbosa Júnior (Dermes)

Este livro traz algumas reflexões sobre a Espiritualidade das Religiões de Matriz Africana, notadamente da Umbanda e do Candomblé. São pequenos artigos disponibilizados em sítios na internet, notas de palestras e bate-papos, trechos de alguns de meus livros.

Como o tema é amplo e toca a alma humana, independentemente de segmento religioso, acrescentei dois textos que não se referem especificamente às Religiões de Matriz Africana, porém complementam os demais: "Materialização: fenômeno do algodão" e "Espiritualidade e ego sutil".

Espero que, ao ler o livro, o leitor se sinta tão à vontade como se pisasse num terreiro acolhedor.

Formato: 16 x 23 cm – 144 páginas

MITOLOGIA DOS ORIXÁS – LIÇÕES E APRENDIZADOS

Ademir Barbosa Júnior (Dermes)

O objetivo principal deste livro não é o estudo sociológico da mitologia iorubá, mas a apresentação da rica mitologia dos Orixás, que, aliás, possui inúmeras e variadas versões.

Não se trata também de um estudo do Candomblé ou da Umbanda, embora, evidentemente, reverbere valores dessas religiões, ditas de matriz africana.

Foram escolhidos alguns dos Orixás mais conhecidos no Brasil, mesmo que nem todos sejam direta e explicitamente cultuados, além de entidades como Olorum (Deus Supremo iorubá) e as Iya Mi Oxorongá (Mães Ancestrais), que aparecem em alguns relatos.

Formato: 16 x 23 cm – 144 páginas

SARAVÁ EXU

Ademir Barbosa Júnior (Dermes)

Orixá Exu é bastante controvertido e de difícil compreensão, o que, certamente, o levou a ser identificado com o Diabo cristão.

Responsável pelo transporte das oferendas aos Orixás e também pela comunicação dos mesmos, é, portanto, seu intermediário. Como reza o antigo provérbio: "Sem Exu não se faz nada.".

Responsável por vigiar e guardar as passagens, é aquele que abre e fecha os caminhos.

Neste livro o leitor encontrará esclarecimentos e dúvidas como símbolos, cores, planetas e muito mais curiosidades ligados ao Orixá Exu.

Formato: 14 x 21 cm – 144 páginas

SARAVÁ IEMANJÁ

Ademir Barbosa Júnior (Dermes)

Iemanjá é considerada a mãe dos Orixás, divindade dos Egbé, da nação Iorubá, está ligada ao rio Yemojá. No Brasil, é a rainha das águas salgadas e dos mares.

Protetora de pescadores e jangadeiros, suas festas são muito populares no país, tanto no Candomblé quanto na Umbanda, especialmente no extenso litoral brasileiro. Senhora dos mares, das marés, das ondas, das ressacas, dos maremotos, da pesca e da vida marinha em geral.

Conhecida como Deusa das Pérolas, é o Orixá que apara a cabeça dos bebês na hora do nascimento.

Neste livro o leitor encontrará esclarecimentos e dúvidas como símbolos, cores, planetas e muito mais curiosidades ligados ao Orixá Iemanjá.

Formato: 14 x 21 cm – 144 páginas

Dúvidas, sugestões e esclarecimentos
E-mail: ademirbarbosajunior@yahoo.com.br
WhatsApp: 47 97741999

Distribuição exclusiva

www.aquarolibooks.com.br